Julius Mayer

Die französisch-spanische Allianz in den Jahren 1796-1807

Julius Mayer

Die französisch-spanische Allianz in den Jahren 1796-1807

ISBN/EAN: 9783743318793

Hergestellt in Europa, USA, Kanada, Australien, Japan

Cover: Foto ©ninafisch / pixelio.de

Manufactured and distributed by brebook publishing software (www.brebook.com)

Julius Mayer

Die französisch-spanische Allianz in den Jahren 1796-1807

Vorwort.

Die vorliegende Broschüre bildet den ersten Theil einer Arbeit, welche die französisch-spanische Allianz in den Jahren 1796—1807 vorzüglich nach der politischen Seite hin betrachtet. Um die Entwicklung entsprechend klar zu legen, musste bis auf den Frieden zu Basel zurückgegriffen werden, dem zufolge Spanien aus der Reihe der gegen die Republik Frankreich verbündeten Staaten schied. Sofort wurden Unterhandlungen gepflogen, welche zum Vertrage von San Ildefonso führten, der Spanien zum Verbündeten Frankreichs machte. Als Schlusspunkt wurden die Vereinbarungen von Fontainebleau gewählt, durch die Spanien, scheinbar wehrlos, in die Hände Frankreichs geliefert wurde. Diese Zeit ist umso wichtiger, als sich damals am Hofe zu Madrid Ereignisse abspielten, die Napoleon in Verbindung mit den in Fontainebleau erlangten Zugeständnissen benützen konnte, um die Bourbonen in Spanien zu stürzen.

Die Arbeit wurde derart in zwei Theile getheilt, dass der erste die Vorgänge bis in den Sommer 1806 behandelt. Damals machte nämlich der Leiter Spaniens, der Friedensfürst, auf die gegen Frankreich gerichteten Rüstungen Preußens bauend, den letzten Versuch, Spanien aus der unheilvollen Allianz loszulösen. Als dieser scheiterte, wurde Spanien von Napoleon immer abhängiger.

Während ich bei der Ausarbeitung des ersten Theiles fast nur gedrucktes Material benützte, konnte ich beim zweiten Theile die im k. und k. geheimen Haus-, Hof- und Staatsarchive zu Wien befindlichen Berichte des österreichischen Geschäftsträgers in Madrid und andere ungedruckte Acten, die bisher noch nicht benützt worden sind, verwenden.

Wenn es mir gelungen sein sollte, in dieser Arbeit etwas Neues und Wissenswertes zu bieten, so verdanke ich dies vor allem meinem hochgeschätzten Lehrer, Herrn Dr. Max Büdinger, o. ö. Professor an der Universität Wien, der keine Mühe gescheut hat, meine Arbeit zu fördern. Dann Sr. Excellenz, dem wirklichen geheimen Rath Herrn Alfred Ritter von Arneth, der mir die Benützung des Staatsarchives gestattete, und Herrn Sectionsrath A. Felgel, der mir das handschriftliche Material zur Verfügung stellte. Er und mehrere andere Herren des genannten Archives haben mich bei jeder Gelegenheit mit Rath und That unterstützt. Mein lieber Freund und College, Herr Dr. Anton Becker, hat mich beim Umarbeiten auf manche Mängel aufmerksam gemacht und mir durch seine reichen Literaturkenntnisse sehr genützt. Diesen Herren, sowie allen jenen, die mir sonst irgendwie behilflich waren, spreche ich hiemit meinen innigsten Dank aus.

Linz, am 17. März 1895.

Dr. Julius Mayer.

Die französisch-spanische Allianz vom Vertrage von San Ildefonso bis zum Vertrage von Fontainebleau (1796—1807).

I. Theil: Von 1796—1806.

§. 1. Der Friede von Basel. — Die französisch-spanische Allianz bis zum ersten Kriege mit Portugal.

Mit der Einnahme Toulons durch die Truppen der Republik nahm der Krieg, den Spanien im Vereine mit den anderen Mächten gegen dieselbe eröffnet hatte, eine für Spanien ungünstige Wendung. Im August 1794 gelang es den Franzosen, Fuenterrabia und San Sebastian zu erobern, Punkte, welche bereits auf spanischem Boden lagen, und Mitte September desselben Jahres musste Bellegarde, die letzte in spanischen Händen befindliche Position auf französischem Gebiete, capitulieren. Die in Madrid gefährlich erscheinenden „philosophischen" Ideen griffen unter den spanischen Officieren immer mehr um sich [1], und manche angesehene Spanier waren der Republik nicht feindlich. Auch ließ das Verhältnis zu den Verbündeten — für Spanien kam vornehmlich England in Betracht — viel zu wünschen übrig. Schon vor Toulon kam es zu Streitigkeiten. Und als Spanien einer ausgiebigeren Hilfe bedurfte, wollte England eine solche nur dann leisten, wenn ihm jenes einen Handelsvertrag gewährte, der den spanischen Finanzen wahrscheinlich sehr schädlich geworden wäre [2]. Es machte sich daher in Spanien eine Friedensstimmung geltend, welche durch die erschreckenden Siege der Franzosen im Frühjahre 1795 wesentlich genährt wurde, und der auch schließlich der Leiter Spaniens, Manuel Godoy, Herzog von Alcudia, willig Gehör schenkte.

[1] M. Geoffroy de Grandmaison: L'Ambassade française en Espagne pendant la Révolution (1789—1804). Paris (E. Plon, Nourrit et Cie.). 1892. — Seite 96.

[2] Albert Sorel: L'Europe et la Révolution française, IV. Band: Paris (E. Plon, Nourrit et Cie.). 1892. — Seite 29.

Aber auch im Wohlfahrtsausschusse wurde betont, wie wichtig es sei, mit Spanien Frieden zu schließen. In einem Reglement, welches von Dubois-Crancé zu dem Zwecke verfasst war, dem Wohlfahrtsausschusse die Mittel zu zeigen, deren Befolgung das Gedeihen der französischen Republik und ihre Erfolge gegen ihre Feinde im Feldzuge von 1795 sichern sollte [1]), wird als unwandelbares Ziel „guerre à mort à l'Angleterre et à l'Autriche" hingestellt. Zu diesem Zwecke erschien dem Verfasser ein Friede mit Spanien besonders wichtig. Zunächst konnte man die dort verfügbar werdenden Truppen in Italien verwenden; dann aber hoffte man Spanien für eine Offensiv- und Defensivallianz zu gewinnen und mit Hilfe seiner und der batavischen Flotte eine Landung in England durchzuführen. Die Schwierigkeit lag nun darin, Unterhandlungen anzuknüpfen; denn sowohl die Republik als auch Spanien scheuten sich, dieselben zu eröffnen. Man versuchte es also mit anderen Mitteln. Zunächst wurde die Intervention Dänemarks angerufen [2]), dann gab man in der Correspondenz halbofficieller Persönlichkeiten den Friedensneigungen Ausdruck.

Durch einen solchen Brief von der friedlichen Gesinnung der Republik überzeugt, gab Godoy dem Diplomaten Yriarte den Auftrag, mit Barthélemy, dem französischen Unterhändler, in Basel in Unterhandlungen zu treten. Am 4. Mai 1795 traf Yriarte in Basel ein. Der Gang der Unterhandlungen wurde durch die zwischen Yriarte und Barthélemy bestehende Freundschaft und durch das Vorbild Toscanas und Preußens befördert, anderseits aber dadurch verzögert, dass die Auslieferung der Kinder Ludwig XVI. den Spaniern wenigstens fürs erste verweigert wurde, während die Republik Schadenersatz für die 13 in Toulon verbrannten Schiffe und die Abtretung Guipuzcoas oder San Domingos und Louisianas forderte [3]). Auch erhielt der englische Gesandte in Madrid von den Unterhandlungen Nachricht. Zwar ließ sich derselbe durch Godoy beruhigen, indem ihm dieser erklärte, „Spanien liege nichts mehr

---

[1]) Jung, Dubois-Crancé, t. II. Seite 179 ff, citiert bei A. Sorel, L'Europe et la Révolution française IV. Seite 221.

[2]) Albert Sorel: La Diplomatie française et l'Espagne (1792—1796) in der Revue historique XII. Seite 281.

[3]) Albert Sorel: La Diplomatie française in der Revue historique XIII Seite 46, 47 u. 49.

am Herzen, als die Fortsetzung des Krieges; die Gerüchte über die Unterhandlungen seien eine List; würde Spanien seine Ansichten ändern, so würde man den Londoner Hof davon unterrichten" [1]). Doch fand es Godoy angezeigt, die Unterhandlungen lieber näher den Grenzen Spaniens zu führen, und sandte einen gewissen Yranda mit der nöthigen Vollmacht nach Bayonne. Er überließ es übrigens dem Wohlfahrtsausschusse zwischen Basel und diesem Orte zu wählen. Dieser sandte auch dahin einen Bevollmächtigten, so dass gleichzeitig an zwei Orten unterhandelt wurde. Der neue Bevollmächtigte erhielt dieselben Instructionen wie Barthélemy, jedoch mit dem Zusatze, er könne von allen Gebietsabtretungen abstehen, wenn Spanien solche durchaus verweigere [2]).

Diese Concessionen wurden durch die kühne Offensive der französischen Westpyrenäen-Armee unnöthig gemacht, deren Erfolge Godoy bewogen, am 2. und 8. Juli an Yriarte den Auftrag ergehen zu lassen, möglichst rasch abzuschließen. Da Ludwig XVII. inzwischen gestorben war, wurde hinsichtlich der Tochter Ludwig XVI. leicht eine Vereinbarung getroffen. So wurde am 22. Juli 1795 in Basel zwischen der Republik und Spanien Friede geschlossen, in welchem Frankreich den spanischen Theil von San Domingo erhielt. Es war dies für Spanien kein nennenswerter Verlust, ohne für Frankreich ein Gewinn zu sein. Nachdem es nämlich diesem Staate viel Geld und viele Menschen gekostet hatte, konnte es schließlich doch nicht behauptet werden. Die Republik acceptierte auch die Vermittlung des Königs von Spanien zu Gunsten Portugals, Neapels, Sardiniens, Parmas und anderer Staaten Italiens [3]).

Die Nachricht von dem Abschlusse des Friedens mit Spanien soll in Paris noch größere Freude hervorgerufen haben, als die von

---

[1]) Hermann Baumgarten: Geschichte Spaniens zur Zeit der französischen Revolution. Berlin 1861. Seite 570. Es heißt dort unter anderem: „Der edle Lord möge sich ja nicht durch die Friedensgerüchte täuschen lassen, die etwa zu seinen Ohren dringen würden; die Regierung habe ein großes Interesse an der Verbreitung derselben, um dadurch die gefährliche Aufregung des Volkes gegen Godoy zu beschwichtigen und den Curs der Vales zu stützen".

[2]) Albert Sorel: La Diplomatie française in der Revue historique XIII. Seite 68.

[3]) George Frédéric de Martens: Recueil des principaux Traités, Band VI (Gottingue 1800), No. 70.

dem Abschlusse des Friedens mit Preußen¹). Und auch in Spanien herrschte großer Jubel. König Karl IV. verlieh Godoy reiche Güter und den Titel Principe de la Paz — Friedensfürst.

Der Friede mit der Republik war zustande gekommen, während man dem englischen Minister gegenüber nur vom Kriege gegen Frankreich sprach. Man musste daher in Spanien gefasst sein, dass England, sobald es einsähe, wie es hintergangen worden sei, Genugthuung fordern würde. Deswegen war der Friedensfürst darauf bedacht, zwischen Spanien, Preußen, Frankreich und der Türkei einen festen Bund zu gründen²). Dagegen meinte jetzt der Wohlfahrtsausschuss, Spanien müsste es als einen Dienst und ein Opfer von Seiten der Republik betrachten, wenn sich diese zum Abschluss einer Offensiv- und Defensivallianz gegen England herbeilasse. Man wollte dies nur gegen Gewährung eines Handelsvertrages thun, der für Frankreich wahrscheinlich viel günstiger als für Spanien gewesen wäre. Der Wohlfahrtsausschuss ertheilte an Barthélemy die Weisung, den Handelsvertrag derart mit der Allianz zu verbinden, dass man eines ohne dem anderen nicht unterzeichnen könnte. Diesbezüglich gäbe der Familienpact von 1761 ein Beispiel; man könnte ihn wieder in Kraft setzen³). Und doch war gerade damals die französische Flotte so ohnmächtig, dass die Republik nicht imstande war, den ihr abgetretenen Theil San Domingos zu besetzen, sondern denselben auf Rath des Vice-Admirals Truguet einstweilen, und zwar bis zum Abschlusse eines allgemeinen Friedens, in spanischer Verwaltung ließ⁴).

Da traten zwei Ereignisse ein, welche die Unterhandlungen zwischen Spanien und Frankreich für mehrere Monate unterbrachen. Im Monate October des Jahres 1795 erkrankte Yriarte und starb auf der Reise in seine Heimat, und am 24. October trat das Directorium,

---

¹) André Michel: Correspondance inédite de Mallet du Pan avec la Cour de Vienne (Paris, librairie Plon 1884). Brief No. XXVIII, Berne le 9 août 1795 (I. Band, Seite 278). — A. du Casse: Mémoires et Correspondance politique et militaire du roi Joseph (Troisième édition: Paris, Peirotim 1856). I.Bd. Seite 137.

²) Hermann Baumgarten a. a. O. Seite 567. ff. — Vergleiche auch Albert Sorel: La Diplomatie française in der Revue historique XIII. Seite 253.

³) Albert Sorel a. a. O. (Rev. hist. XIII). Seite 245.

⁴) Albert Sorel: La Diplomatie française.....in der Revue historique XIII. 259 und Napoléon I. Correspondance VI. No. 5160.

die neue Regierung Frankreichs, seine Thätigkeit an. Es wandte seine Aufmerksamkeit zunächst den inneren Angelegenheiten und dem Kriege mit Österreich zu. Dann aber erschien ihm die Allianz mit Spanien zur Fortsetzung des Krieges mit England durchaus nothwendig. Daher wurde im April 1796 General Pérignon, der sich im Kampfe gegen Spanien ausgezeichnet hatte, als Gesandter nach Madrid geschickt und die Unterhandlungen wieder aufgenommen, wiewohl das Directorium den eigentlichen Regenten Spaniens, den Friedensfürsten, verachtete [1]). Pérignon sollte trachten nicht nur Louisiana, sondern auch West-Florida zu gewinnen, wofür den Spaniern der Erwerb Gibraltars und eines Königreiches für den Infanten von Parma, wenn es der Verlauf des Krieges gestatte, in Aussicht gestellt wurde. Kurz, er sollte bemüht sein, möglichst viel zu erreichen — jedenfalls aber den Bundesvertrag abschließen [2]). So wurde am 19. August 1796 der Vertrag von San Ildefonso abgeschlossen, ohne dass es zu irgendwelchen Gebietsabtretungen kam.

Der Vertrag von San Ildefonso [3]), für das Schicksal Spaniens von höchster Wichtigkeit, scheint den Interessen dieses Staates völlig gerecht zu werden. Durch denselben wird nämlich zwischen den beiden Staaten eine Offensiv- und Defensivallianz auf ewige Zeiten unter gegenseitiger Garantie des gegenwärtigen und zukünftigen Besitzes aufgerichtet; wird einer angegriffen, so hat der andere über Aufforderung zuhilfe zu kommen (Art. I und II). Drei Monate nach erfolgter Aufforderung hat die um Hilfe gebetene Macht fünfzehn Linienschiffe, sechs Fregatten und vier Corvetten bemannt, armiert und für ein halbes Jahr verproviantiert der verbündeten Macht zur Verfügung zu stellen (III). Ferner 18.000 Mann Infanterie, 6.000 Mann Cavallerie und einen entsprechenden Artilleriepark in Bereitschaft zu setzen, um sie leicht in Europa oder zur Vertheidigung der Colonien, welche die contrahierenden Mächte im Golfe von Mexiko

---

[1] Albert Sorel: La Diplomatie française..... in der Revue historique XIII. 272 ff.: Godoy sentait sa fortune liée à celle du Directoire. Il affectait de dire que son existence tenait à celle de la Republique. Le Directoire faisait de lui peu de cas. „C'était", dit Laréveillère Lépeaux, „un misérable, cet mot pris dans toutes ses acceptions"; mais il sut se servir de lui.

[2]) Sybel: Geschichte der Revolutionszeit IV. Seite 214—218. (2. Auflage, neue Ausgabe.)

[3] G. F. de Martens: Recueil de principaux Traités. Band VI. No. 91 a

besitzen, verwenden zu können (V). Verluste des Contingentes sind von der dasselbe stellenden Macht zu ersetzen (X). Im Falle der Noth ist mit den gesammten Streitkräften einzutreten (XI). Beim Friedensschlusse sind die Vortheile der zur Hilfe gerufenen Macht thunlichst zu berücksichtigen (XIV). Die beiden Mächte machen gemeinsame Sache, um über die Sicherheit der neutralen Flaggen zu wachen, ihnen die schuldige Achtung zu verschaffen und Spaniens Colonialsystem in den Stand zu setzen, den es nach den Verträgen hatte oder haben sollte. — Auch soll sofort ein Handelsvertrag zwischen den beiden Mächten geschlossen werden (XV). — Da übrigens England die einzige Macht ist, gegen welche Spanien directe Beschwerden hat, so wird diese Allianz im gegenwärtigen Kriege nur gegen jene Macht zur Ausführung kommen, und Spanien den anderen Staaten gegenüber neutral bleiben (XVIII). — Andere Bestimmungen wurden erst durch die Ausübung für Spanien nachtheilig, indem Spanien immer nur die Lasten zu tragen hatte, während Frankreich die Vortheile erntete. Hieher gehörte vor allem die Bestimmung, dass die um Hilfe bittende Macht ganz allein über das Hilfscontingent zu verfügen hat (VII); ferner, dass sie der um Hilfe gebetenen Macht keinerlei Erklärung zu geben braucht, ob der Krieg offensiv oder defensiv sei, sondern, dass die bloße Aufforderung ein Beweis des Bedarfes sei (VIII); schließlich, dass die Rüstungen der aufgeforderten Macht durch Commissäre überwacht werden können (VI).

Am 7. October 1796 erließ dann König Karl IV. das Kriegsmanifest gegen England an die spanischen Behörden [1]). So war der Krieg auch formell erklärt, während thatsächlich schon längere Zeit ein kriegsähnliches Verhältnis zwischen Spanien und England bestand.

Mit der Kriegserklärung Spaniens an England war einer der sehnlichsten Wünsche des Directoriums erfüllt.

Der Krieg wurde anfangs nur lässig geführt. Als aber die im Herbste 1796 zwischen England und Frankreich gepflogenen Unterhandlungen zu nichts führten, musste Spanien bald die Folgen der Allianz mit der Republik erdulden. Am 14. Februar 1797 erlitt ein

---

[1]) Don Modesto Lafuente: Historia general de España. Barcelona, Montaner y Simon 1889. XV. 251 ff.

spanisches Geschwader bei San Vincente eine Niederlage, und um
dieselbe Zeit wurde Trinidad von den Engländern besetzt. Da aber
Österreich im April 1797 in Leoben einen Präliminarvertrag mit
Frankreich geschlossen hatte, so stand nun England den verbündeten
Staaten Frankreich, Spanien und Holland allein gegenüber und
zeigte sich daher zu Unterhandlungen geneigt; wirklich wurden
solche im Juli 1797 in Lille eröffnet. Es erhoben sich nun Stimmen,
den Frieden auf Kosten Spaniens zu machen Das Directorium aber
wies ein solches Ansinnen zurück¹). Die Verhandlungen blieben wie
1796 resultatlos.

Seit dem Frieden von Basel hatte zwischen der französischen
und spanischen Regierung ein ganz leidliches Verhältnis bestanden.
Über die portugiesischen Angelegenheiten kam es das erstemal zu
ernsteren Differenzen.

Portugal wurde schon zuzeiten des Wohlfahrtsausschusses
französischerseits als Entschädigungsobject angesehen. Das bereits
erwähnte Reglement Dubois-Crancés enthält unter anderem auch
folgende Stelle: Wenn es nöthig sei, könnte die Republik den Spaniern Vortheile gewähren. „Man kann dem König von Spanien außerdem Portugal garantieren, dessen Besetzung ihm erleichtert würde,
wogegen er uns für Brasilien Havanna abtreten würde." ²) In einer
Instruction des Wohlfahrtsausschusses für einen an der spanischen
Grenze befindlichen Commissär vom 7. März 1795 wird dieser Plan
näher begründet. In derselben heißt es, es solle von Spanien die
Abtretung Guipuzcoas und des spanischen Theiles von San Domingo
gefordert werden. „Übrigens gäbe es vielleicht ein Mittel, um die
spanische Regierung hinsichtlich dieses Punktes . . . recht gefügig
zu machen, indem man ihr zu verstehen gäbe, dass, wenn sie bei
richtiger Auffassung ihres Interesses Portugal in das alte Verhältnis
zurückversetzen, das heißt zur spanischen Provinz machen wollte,
die französische Regierung sich freiwillig verbürgen würde, bei der
Eroberung dieses Landes zu helfen; denn erstens würde die französische

---

¹ Albert Sorel: La Diplomatie française in der Revue historique
XIII. Seite 277.
² Jung, Dubois-Crancé, t. II. p. 179 et suiv. citiert in L'Europe et la
Révolution française par Albert Sorel IV. Seite 221.

Nation dabei nur eine gegen sie verbündete Macht bekämpfen und hätte somit das Recht sie zu vernichten; zweitens weil wir bei der Vernichtung der portugiesischen Herrschaft den Vortheil hätten, England einer der wertvollsten Provinzen zu berauben (denn Portugal ist in Wirklichkeit nur eine englische Provinz)." [1])

Portugal den Engländern auf irgend eine Art abwendig zu machen, war nun eine der lebhaftesten Sorgen des Directoriums. Es schien, als sollte dies auf friedlichem Wege zustande kommen. Am 20. August 1797 gelang es dem Bevollmächtigten Portugals, Antonio D'Araujo-D'Azevedo, vom Directorium einen Neutralitätsvertrag zu erhalten [2]). Darnach sollte es nicht gestattet sein, dass eine der kriegführenden Mächte in den großen Häfen Portugals mehr als sechs Kriegsschiffe habe (Art. V). Ein Stück Portugiesisch-Guyana sollte an die Republik abgetreten (VII) und ein Handelsvertrag ehebaldigst geschlossen werden (X). — In Lissabon ließ man die festgesetzte Frist von zwei Monaten verstreichen ohne zu ratificiren. Als man sich dann eines besseren besann, verweigerte das Directorium die Annahme des Vertrages und ließ sich selbst durch eine in Aussicht gestellte Entschädigung von mehreren Millionen nicht dazu bewegen [3]). Araujo wurde auf Veranlassung der französischen Regierung einige Wochen in Haft gesetzt.

Spanien war bemüht, zu Gunsten Portugals zu vermitteln. Im Jänner 1798 jedoch meldete Cabarrus, ein seit langer Zeit in Spanien ansässiger Franzose und spanischer Staatsbanquier, der sich damals gerade in Paris befand, dem Friedensfürsten, es wäre jetzt am besten, das Vermitteln bleiben zu lassen und lieber, wenn schon die Eroberung Portugals stattfinden müsse, dieselbe durch spanische Waffen herbeizuführen. Diese Art sich bereit zu zeigen, die Absichten Frankreichs gegen Portugal auszuführen, hätte den unschätzbaren

---

[1]) Albert Sorel: L' Europe et la Révolution française IV. Seite 221.

[2]) G. F. de Martens: Recueil des principaux Traités, Tome VII (à Gottingue 1801). Seite 201.

[3]) G. Pallein: Le Ministère de Talleyrand sous le Directoire, Paris, Librairie Plon 1891: No. XXVII (Memoire sur la situation de la Republique française....présenté au Directoire le 22 Messidor an VI [10 Juillet 1798]). Seite 320. — André Michel: Correspondance inédite de Mallet du Pan II. Seite 407 (Brief No. CXXXIV Fribourg, le 13 février 1798).

Vortheil, dass unter dem Vorwande sich Achtung zu verschaffen, eine ansehnliche Verstärkung des spanischen Heeres, die sofort eintreten müsste, und eine Verbesserung der Organisation beschönigt würde ¹).

Wie nützlich dieser Rath auch gewesen sein mag, er entsprach zu jener Zeit weder den Ansichten König Karls, noch jenen des Friedensfürsten. Man wollte jede kriegerische Operation gegen Portugal vermeiden. Bourgoing, durch viele Jahre Vertreter Frankreichs am Madrider Hofe, machte schon im Jahre 1795 den Wohlfahrtsausschuss aufmerksam, dass es zwar nicht unmöglich, jedenfalls aber sehr schwierig sein werde, Karl IV. für einen Krieg gegen Portugal zu gewinnen, denn er müsste seine eigene Tochter entthronen, welche mit dem muthmaßlichen Erben Portugals vermählt sei ²). Und als später der neue Vertreter der Republik, Truguet, unaufhörlich zum Kriege gegen Portugal drängte, sagte König Karl: „Es ist höchst unschicklich, dass ein König zu der Entthronung eines anderen helfen soll" ³).

Für das Directorium war das natürlich nicht maßgebend. Augereau erhielt vielmehr den Befehl, sich nach Perpignan zu begeben und dort ein Armeecorps aufzustellen, mit welchem er auf Grund des Vertrages von San Ildefonso den Durchmarsch durch Spanien verlangen und den Angriff auf Portugal eröffnen sollte⁴). Übrigens hatte das Directorium schon im Frühjahre 1797 solche Durchmarschprojecte — wenn wir von den bereits im Jahre 1795 gemachten Andeutungen, die nicht weiter ausgearbeitet worden zu sein scheinen, absehen — gehegt. Der Friedensfürst erschrak darüber nicht wenig, „denn die Ereignisse hätten ihn belehrt, dass die republikanischen

---

¹) Lafuente: Historia general XV. Seite 280.
²) Albert Sorel: La Diplomatie française in der Revue historique XII. Seite 301 ff. — Johann, als König der VI., führte für seine seit 1792 geisteskranke Mutter Maria I. die Regierung, da sein älterer Bruder Josef bereits 1788 gestorben war. Johann war mit einer Tochter Karl IV. von Spanien, Carlotta, vermählt.
³) v. Sybel: Geschichte der Revolutionszeit, V. Band (zweite durchgesehene Auflage, Frankfurt a. M. 1882). Seite 37.
⁴) v. Sybel, a. a. O S. 37 ff. — Vgl. auch André Michel: Correspondance inédite de Mallet du Pan II. (Brief CXXXIV vom 13. Februar 1798).

Truppen sich oft viel mehr als Feinde, wie als Freunde benehmen, und dass ihr Aufenthalt gefährlich sei" [1]).

Durch die Eroberung von Portugal wollte das Directorium nicht nur den Engländern großen Schaden zufügen, sondern auch directen Nutzen ziehen, nämlich Louisiana gewinnen. Portugal, heißt es in der Instruction für Truguet, könnte als Entschädigung für Louisiana und Florida dienen. Man wisse wohl, dass es der katholischen Majestät widerstrebe, ihrer Tochter die Hoffnung auf einen Thron zu rauben. Aber das gemeinsame Interesse der beiden großen Völker und der Glanz der Krone Spaniens müssten den König über persönliche Rücksichten hinweghebeu [2]).

Louisiana wollte das Directorium auf jeden Fall gewinnen. Doch hatte die spanische Regierung schon früher die Abtretung Louisianas und Floridas entschieden verweigert. Die Königin, Maria Louise von Spanien hätte es nämlich gerne gesehen, wenn das ihrem Bruder gehörige Herzogthum Parma vergrößert worden wäre. Das Directorium erklärte sich hiezu nur gegen Abtretung von Louisiana und Florida bereit. Da antwortete der Friedensfürst dem Gesandten der Republik, General Perignon: Spanien habe bisher keinen Vortheil von seiner Allianz mit Frankreich gehabt. Die geforderten Colonien werde der König nicht abtreten [3]). Und im Jahre 1798 scheint der Friedensfürst in diesem Punkte ebensowenig entgegenkommend gewesen zu sein, wie in der portugiesischen Angelegenheit

Ein solch' eigenwilliger Minister musste beseitigt werden. Rewbell und Merlin [4]) sollen in einem Briefe energisch die Verbannung des Friedensfürsten vom Könige gefordert haben, und seine Absetzung zu bewirken, war ein besonderes Streben Truguets,

---

[1]) Publicationen a. d. k. preuß. Staatsarchive VIII: Preußen und Frankreich v. 1795—1807 v. Paul Bailleu I. Theil. Leipzig 1881. Urkunden Nr. 104 (Bericht Sandoz-Rollins vom 21. Mai 1797).

[2]) Albert Sorel: La Diplomatie française et L'Espagne in der Revue historique XIII. Seite 274 ff.

[3]) Lafuente : Historia general XV. 267. Anmerk. 3.

[4]) Publicationen a. d. k. preuß. Staatsarchiven VIII (Bailleu. Preußen und Frankreich I). S. 173: Sandoz-Rollin aus Pari, 22. Februar 1798. (Urkunden No. 151).

welches bald von Erfolg gekrönt war. Am 28. März erfolgte die Entlassung des Friedensfürsten, „auf seine wiederholten Bitten", wie es heißt¹).

Der Nachfolger desselben, Saavedra, hatte den Vortheil, dass der neue Vertreter Spaniens in Paris, Azara, ein persönlicher Freund der Directoren war. Dann machten ihn strenge Maßregeln gegen die Emigranten und das Verbot, englische Waren einzuführen und zu verkaufen, den Directoren angenehm²). Aber nun kam wieder die alte Schwierigkeit, die Angelegenheit in Betreff Portugals und Louisianas. Einen Frieden zwischen Portugal und Frankreich zustande zu bringen, war eine Hauptaufgabe Azaras, zu deren Lösung ihm König Karl reiche Geldmittel zur Verfügung gestellt haben soll³). Auch Talleyrand, welcher die äußeren Angelegenheiten der Republik leitete, sprach sich schließlich in einem, dem Directorium am 10. Juli 1798 vorgelegten Memoire für neue Unterhandlungen mit Portugal aus⁴). „Es handelt sich dabei weniger, eine Contribution von vorübergehendem Nutzen zu erlangen, als vielmehr dauerhafte, für unseren Handel günstige Clauseln, z. B. für den Import unserer Tücher, aufzustellen, und den Handel Englands, dem der Vertrag vom 23. Thermidor zu große Vortheile ließ, empfindlich zu treffen, den englischen Flotten die Häfen Portugals, welche zu Kriegszeiten ihre Verbindung mit Gibraltar und dem Mittelmeere sichern, zu verschließen und in Guyana weitere und besser bestimmte Gebiete zu erhalten." Bei diesen Unterhandlungen, heißt es in dem Memoire weiter, könnte man von Portugal einige Colonien fordern, welche dann weiter an Spanien gegen Louisiana abgetreten werden könnten. Den zwischen der Republik und Portugal bestehenden Kriegzustand zu benützen, um dieses verschwinden zu machen und seine Besitzungen derart zu theilen, dass die auf dem europäischen Festlande befindlichen mit Spanien, die übrigen aber mit Frankreich vereinigt würden, hält Talleyrand nicht für rathsam. Es sei fast sicher, dass sich der Madrider Hof schwerlich zu einer solchen Theilung bereit zeigen würde, weil er erstens über die Vergrößerung Frankreichs in Amerika

---

[1] Lafuente, a. a. O. XV. 277 ff.
[2] Lafuente, a. a. O. XV. 307.
[3] Lafuente, a. a. O. XV. 309.
[4] G. Pallain. Le Ministère de Talleyrand sous le Directoire No. XXVII. 320 ff.

eifersüchtig sein würde, weil anderseits die Familienbande, welche
ihn mit dem Hause Braganza verbinden, ebenso stark seien wie die
Bande, welche ihn an die Republik ketten, und weil er schließlich
Bedenken tragen würde, den französischen, zur Theilnahme an der
Eroberung bestimmten Truppen den Durchzug durch Spanien frei-
zugeben und so mit der Freiheit geimpft zu werden. In demselben
Memoire [1]) wird auch die Politik Spaniens erörtert. Man sei in einer
gewissen Unruhe über die geheimen Anordnungen des Madrider
Hofes. Der Handel mit England bestehe trotz eines Verbotes mit
Hilfe neutraler und marokkanischer Schiffe fort. Vor Cadix fänden
geheime Conferenzen zwischen den Officieren beider Flotten statt.
Der directe Verkehr mit den spanischen Colonien im Golfe von
Mexiko sei den Neutralen erlaubt, was so viel bedeute, wie wenn er
den Engländern freigegeben wäre, und in manchen Theilen Spaniens
spräche man ganz offen von einem demnächst erfolgenden Bruch
mit der Republik . . . . Die Aufrichtigkeit der spanischen Regierung
dürfe nur nach den Anstrengungen beurtheilt werden, die sie gegen
den gemeinsamen Feind machen werde [2]).

---

[1]) G. Pallain: a. a. O. Seite 310—315.

[2]) Es scheint nicht ohne Interesse zu sein, einige Urtheile, welche
Talleyrand über den Wert der Allianz Frankreichs mit Spanien fällte, hier
zusammenzustellen. So schreibt er in der Recapitulation des Memoires vom
10. Juli 1798 (G. Pallain, a. a. O. Seite 344): „L'Espagne, nous avons vu jusqu'à
quel point son alliance est froide, oisive, improfitable".

Ein, etwa ein Jahr später (im Messidor des Jahres VII) vorgelegter
Rapport (G. Pallain a. a. O. Seite 431) enthält folgende Stelle: „L'Espagne,
depuis qu'elle est liée à la République, a mis dans la cause commune un zèle
loyal et des efforts utiles. Sa coopération acquiert en ce moment plus d'impor-
tance et promet des résultats avantageux".

Fast um dieselbe Zeit, nämlich am 14. Messidor des Jahres VII (G. Pallain
a. a. O. Seite 448—449), schrieb er an ein Mitglied der 500: . . . . „Il serait facile
de démontrer que nous avons retiré peu de fruit de notre alliance avec la
Batavie, l'Espagne, la Cisalpine et la Suisse.

Celle de l'Espagne et de la Hollande a donné à l'Angleterre le moyen de
faire des captures qui sont devenues l'obstacle le moins surmontable pour une
conciliation".

In einem Briefe an den ersten Consul, datiert vom 20. Messidor des
Jahres IX (9. Juli 1801, also nach Abschluss des Friedens von Badajoz), heißt
es: „Il faut voir si ce ne serait pas le moment d'adopter un plan définitif de

Auch jetzt gelang es dem Directorium nicht, seine Wünsche hinsichtlich Portugals und Louisianas zu verwirklichen. Und da Spanien den Krieg gegen England damals wirklich lässig geführt zu haben scheint — so wurde im November 1798 Mahon (Minorca) von den Engländern genommen — ließen die Directoren dem König Karl merken, wie angenehm es ihnen wäre, wenn Urquijo, welcher seit August 1798 den erkrankten Saavedra vertrat, durch Azara ersetzt würde. Der König leistete diesem Ansinnen keine Folge und antwortete dem Directorium mit Klagen über den neuen Vertreter Frankreichs, Guillermardet. Doch wurde dieser Streit bald dahin beigelegt, dass sowohl Urquijo als auch Guillermardet in seiner Stellung blieb [1]).

Übrigens wurden jetzt die Absichten auf Portugal und Louisiana durch den Ausbruch eines neuen großen Continentalkrieges in den Hintergrund gedrängt. Spanien zeigte sich damals als treuer Freund in der Noth, und Talleyrand gibt selbst Zeugnis, dass es trotz seiner Schwäche der Republik gute Dienste leistete. [2]) Ja, König Karl gieng soweit, dass er, als die von Spanien gestellte Forderung, es möge eine nach Rochefort gesandte Flotte angeblich zur Deckung der heimatlichen Küsten zurückkehren, unter dem Directorium große Erbitterung hervorrief, an dasselbe einen in fast unterwürfigem Tone abgefassten Brief sandte, der mit folgenden Worten schloss: „Von heute an also, sei unsere Freundschaft nicht nur fest wie bisher, sondern rein, frei und ohne die geringste Reserve. Mögen wir herrliche Triumphe ernten, um dadurch einen vortheilhaften Frieden zu erlangen, und die ganze Welt möge erkennen, dass es keine Pyrenäen gibt, welche uns trennen, wenn sie versucht, einen von uns beiden zu beleidigen. Das sind meine Wünsche, große Freunde, und ich bitte Gott, dass er Euch viele, glückliche Jahre schenken möge. —

---

conduite avec ce triste alliée". (Pierre Bertrand: Lettres inédites de Talleyrand à Napoléon 1800—1809. — No. VII.)

Und in den vom Herzog von Broglie herausgegebenen Memoiren Talleyrands ist im I. Bande auf Seite 326 ff. zu lesen: „Depuis la paix de Bâle entre la France et l'Espagne, c'est-à-dire depuis onze ans, L'Espagne était l'alliée de la France et son alliée fidèle. Argent, vaisseaux, soldats, elle avait tout mis à sa disposition, elle lui avait tout prodigué ....." — — —!!!

1) Lafuente, a. a. O. XV. 320 ff.
2) G. Pallain, a. a. O. Seite 316, Anmerk.

Aus Aranjuez vom 11. Juni 1799. — Euer guter Freund Carlos.
— Mariano Luis de Urquijo." [1])

Übrigens waren die Tage des Directoriums bereits gezählt.
Am 9. October 1799 landete Bonaparte in Frejus. Es erfolgte der
Staatsstreich vom 18. Brumaire des Jahres VIII, und Napoleon
Bonaparte trat als erster Consul an die Spitze der Republik. Es war
für die Zukunft desselben von höchster Wichtigkeit, die Ziele, welche
das Directorium sich gesetzt, aber nicht erreicht hatte, zu erreichen.
Er gieng dabei sehr systematisch zuwerke. Er wusste sich zunächst
durch reiche Geschenke die Sympathien des Königs und der Königin
von Spanien zu erwerben, was ihm um so leichter gelang, als diese
es nur mit Vergnügen sahen, dass die Regierung Frankreichs in die
Hand eines Mannes gelegt war. Auch den Friedensfürsten übersah
er nicht; denn dieser stand eben wieder im Begriffe, das volle Vertrauen seiner Souveräne zurückzugewinnen.

Eine günstige Gelegenheit, die Pläne des Directoriums hinsichtlich Louisianas und Portugals aufzunehmen, bot sich, als der
spanische Gesandte in Paris, Muzquiz [2]), zu erkennen gab, wie angenehm den katholischen Majestäten eine Vergrößerung der Besitzungen
des Herzogs von Parma wäre. Die großen Erfolge, welche Bonaparte
in Italien errang und die Karl IV. völlig für diesen gewannen [3]),
ermöglichten die Ausführung des Wunsches. Am 28. Juli 1800 theilt
Bonaparte Talleyrand den Entschluss mit, den General Berthier mit
folgender Mission nach Spanien zu senden: Er soll die nöthige Vollmacht erhalten, um wegen des Herzogs von Parma, der Abtretung
Louisianas und der Überlassung von zehn spanischen Kriegsschiffen,
jeden Vertrag, welchen der König von Spanien billigen würde, abschließen zu können. Er hat die Pflicht, Spanien mit allen möglichen

---

[1]) Lafuente, a. a. O. XV. 340: „Sea desde hoy, pues, nuestra amistad no
sólo sólida como hasta aqui, sino pura, franca, y sin la menor reserva. Consigamos felices triunfos para obtener con ellos una ventajosa paz, y el universo
conozca que ya no hay Pirineos que nos separen cuando se intente insultar á
cualquiera de los dos. Tales son mis votos, grandes amigos, y ruego á Dios os
guarde muchos y felices años. De Aranjuez, á 11 de junio de 1799. — Vuestro
buen amigo Carlos. — Mariano Luis de Urquijo."

[2]) Azara war in persönliche Feindschaft mit Urquijo gerathen und im
Herbste 1799 von Paris abberufen worden. Siehe Lafuente, a. a. O. XV. 341 ff.

[3]) Geoffroy: L'Ambassade française, Seite 204.

Mitteln zu einem Kriege gegen Portugal zu bewegen, da man bei den bevorstehenden Friedensunterhandlungen ein möglichst gutes Entschädigungsobject in den Händen haben müsse. Ferner hat er als Reisender die Hauptkriegshäfen Spaniens zu besuchen, um zu ermitteln, welche Hilfsmittel dasselbe für einen Seekrieg bieten könnte, und die Verproviantierung Maltas zu veranlassen [1]).

Die Verhandlungen Berthiers mit Urquijo führten zum geheimen Präliminarvertrag [2]), der am 1. October in San Ildefonso unterzeichnet wurde und folgende wichtige Bestimmungen enthält: Die französische Republik verpflichtet sich, dem Herzog von Parma einen Landzuwachs in Italien zukommen zu lassen, der in Toscana, den drei römischen Legationen oder in einer anderen continentalen Provinz Italiens bestehen könne, und denselben mit dem Königstitel zu verbinden. — Dagegen verspricht der König von Spanien, sechs Monate nach Ausführung der obigen Bedingungen Louisiana abzutreten und einen Monat nach Erfüllung derselben sechs Linienschiffe in gutem Stande und völlig armiert an Frankreich zu übergeben. — Der Allianzvertrag von San Ildefonso wird durch den neuen Vertrag nicht aufgehoben, sondern vielmehr erneuert [3]).

Unterdessen bereitete sich die Rückkehr des Friedensfürsten in seine frühere Stellung allmählich vor. Als Urquijo verlangte, das spanische Geschwader, welches in Brest lag, und über dessen Verwendung sich der erste Consul und der Marine-Bevollmächtigte Spaniens in Paris, Mazarredo, nicht einigen konnten, solle in die Heimat segeln, um dieselbe gegen Landungsversuche der Engländer zu schützen, war Bonaparte sehr erzürnt. Sein Bruder Lucian, der neue Vertreter Frankreichs in Spanien, dessen Aufgabe es war, die Verhandlungen hinsichtlich Portugals zu einem endlichen Abschlusse zu bringen, hatte nach Lafuentes Behauptung auch die Weisung, den Fall Urquijos vorzubereiten. Dieser ließ gegen die Ernennung Lucians Vorstellungen erheben. Das scheint seinen Fall beschleunigt

---

[1]) Napoléon I. Correspondance VI. No. 5034.
[2]) Lafuente, a. a. O. XV. 371 ff.
[3]) Bonaparte scheint sein Hauptaugenmerk eigentlich auf San Domingo gerichtet zu haben und nach dem Besitze Louisianas nur deshalb so eifrig gestrebt zu haben, weil diese Colonie gleichsam das für das Gedeihen San Domingos nothwendige Hinterland bildet. Siehe H. Adams: Napoléon Ier et Saint Domingue in der Revue historique XXIV. Seite 92 ff.

zu haben. Am 13. December 1800 wurde er durch Don Pedro Cevallos ersetzt, der ganz unter dem Einflusse des Friedensfürsten stand¹).

Nun sollte mit aller Energie an die Ausführung des portugiesischen Projectes geschritten werden.

Wenn es auch 1798 zu keiner Action gegen Portugal gekommen war, so hatte das Directorium dieses Land doch nicht aus den Augen gelassen. Im Sommer 1799 schwankte es zwischen einer Landung in Irland und einem Unternehmen gegen Portugal. Sandoz-Rollin, der Gesandte Preußens in Paris, meinte²), das Militär-Comité habe sich für das Letztere ausgesprochen und seine Ansicht unter anderem dadurch begründet, dass dies das einzige Mittel sei, um sofort eine Contribution von 16 bis 20 Millionen zu erhalten.

Portugal hatte unterdessen nichts gethan, um die erzürnte Republik zu versöhnen. Portugiesische Schiffe nahmen an der Expedition der Engländer nach Egypten und an der Blockierung Maltas theil.

In einem Briefe vom 8. November 1800 kündigte Bonaparte dem Könige von Spanien die Ankunft Lucians an und setzte ihm die Nützlichkeit eines Krieges gegen Portugal auseinander³). Lucian erhielt die Weisung, die Mission Berthiers zu Ende zu führen. „Spanien hat die Vorbereitungen zu einer großen Expedition gegen Portugal getroffen. Sie werden Ihre ganze Aufmerksamkeit darauf richten, dass nun auch die Operationen folgen, und Sie werden sich alle Mühe geben, dass dieses Unternehmen nicht bei eitlen Rüstungen stehen bleibe, sondern zu einem entscheidenden Resultate führe" …⁴)

Aber erst am 29. Jänner 1801 kam in Madrid zwischen Lucian und Cevallos folgender Vertrag zustande: Es ist zunächst ein Ultimatum folgenden Inhalts nach Portugal zu senden: Der König von Spanien macht der Königin von Portugal zum letztenmal einen Friedensantrag mit 15tägiger Bedenkzeit. Wünscht sie mit Frankreich Frieden zu schließen, so hat sie sich zu Folgendem zu verpflichten:

---

¹) Lafuente, a. a. O. XV. 372—378.

²) Publicationen a. d. k. preuß. Staatsarchiven VIII, Seite 321—322 Sandoz-Rollin aus Paris 1. August 1799. Urkunden, No. 273.

³) Napoléon I. Correspondance VI. No. 5165.

⁴) Th. Jung: Lucien Bonaparte et ses mémoires. Paris 1882. II. Band, Seite 50 ff.

Die Allianz mit England gänzlich zu lösen. Alle Häfen den französischen und spanischen Schiffen zu öffnen und den englischen zu sperren. Dem Könige von Spanien eine oder mehrere Provinzen mit einer Bevölkerung, welche dem vierten Theile der Einwohnerzahl ihrer europäischen Staaten entspricht, zu übergeben als Pfand für die Rückgabe Trinidads, Maltas und Mahons oder als Entschädigung für die Verluste, welche Unterthanen des Königs erlitten hatten. Die Grenzen der Gebiete zu bestimmen, welche der Bevollmächtigte Portugals zur Zeit der Unterhandlungen vorschlagen wird.

Wird der Friede unter diesen Bedingungen nicht angenommen, so stellt der erste Consul 15.000 vollkommen gerüstete Soldaten (Art. III). Diese werden, sobald sie Spanien betreten haben, entsprechend den Plänen des spanischen Generals, der die Oberleitung aller Heere hat, vorgehen, ohne dass die französischen Generäle ihre Ideen ändern (Art. VIII).

Wenn der König von Spanien die Hilfe der französischen Truppen nicht zu benöthigen glaubt, sei es, dass die Feindseligkeiten schon begonnen haben, oder schon durch die Eroberung oder den Abschluss des Friedens beendigt sind, dann gibt der erste Consul seine Zustimmung, dass die Truppen nach Frankreich zurückkehren, ohne seine Befehle abzuwarten, sobald der König dies für passend hält und die Generäle davon verständigt (Art. IX) [1].

Hatte schon der Vertrag vom 1. October 1800 die politische Überlegenheit Bonapartes gegenüber dem Directorium auch in Spanien bekundet, so war dieser Vertrag ein neuer Beweis hiefür. Es war das erstemal, dass sich der König von Spanien mit der Republik zu einer kriegerischen Operation gegen Portugal verband. Der Friedensfürst schien für das Project ganz eingenommen zu sein [2]. Und das war die Hauptsache. Ich wüsste keine Zeit zu nennen, in welcher die Beziehungen zwischen dem spanischen Hofe und Bonaparte bessere gewesen wären, als im Frühjahre 1801. Nachdem dieser im Frieden von Luneville die Abtretung Toscanas erlangt

---

[1] Lafuente, a. a. O. XV. 384, Anmerk. 2.

[2] Th. Jung: Lucien Bonaparte et ses mémoires 1775—1840, Paris. G. Charpentier 1882. II. Band, Seite 74: „Le prince de la paix se conduit à merveille. La guerre de Portugal est devenue son affaire propre"... (Brief Luciens an Talleyrand von 24. Pluviose des Jahres IX.)

hatte, kam er durch einen am 21. März 1801 in Aranjuez geschlossenen Vertrag seinem am 1. October 1800 gegebenen Versprechen nach. Der Sohn des Herzogs Ferdinand von Parma, Louis, der mit einer Tochter der Königin von Spanien vermählt war, erhielt Toscana als Königreich Etrurien. Darüber war man in Madrid sehr erfreut. Lucian wurde bei jeder Gelegenheit ausgezeichnet. Den ersten Consul, schreibt Lucian, sähe man besonders seit seiner Allianz mit Russland in Spanien als Herrn Europas an; in jeder Conferenz sprächen die Minister zu ihm (Lucian) von der Universal-Monarchie. Ja die Königin sagte damals in einem Gespräche mit Lucian ganz offen, dass es ihr sehr angenehm wäre, wenn Napoleon über das Schicksal ihrer Lieblingstochter, Isabella, verfügen würde, was wohl kaum etwas anderes bedeuten sollte, als dass er sie an Stelle Josephinens zur Frau nähme, wie es auch Lucian verstand.[1]) Der erste Consul aber gab darauf keine officielle Antwort.[2])

---

[1]) Th. Jung: Lucien Bonaparte et ses mémoires, II. Band, Seite 67 ff.

[2]) Die Memoiren des Grafen Mio von Melito (1788—1815, deutsch bearbeitet, Stuttgart 1866, I. Band, Seite 251) enthalten darüber Folgendes: „Man fieng endlich schon an, von der Scheidung Bonapartes zu sprechen und verschiedene Prinzessinen zu nennen, unter denen er sich eine Gemahlin wählen könnte. Zuerst war die Rede von einer Infantin von Spanien, nachdem er aber Volney, der mit ihm über diese Verbindung scherzte, zur Antwort gegeben hatte: „„Wenn ich im Falle wäre, mich abermals zu verheiraten, so würde ich mir nicht in einem Hause, das dem Einsturz droht, eine Frau suchen"" —wollte man ihm schon damals eine deutsche Prinzessin geben." — Vergleiche auch Mémoires de Madame de Rémusat 1802—1808 (publiés par Paul de Remusat, Paris 1880) I. Band, Seite 133 ff.

§. 2. Der Friede von Badajoz. — Spaniens Neutralität von 1803—1804.

Die freundlichen Beziehungen zwischen dem Hofe von Madrid und dem ersten Consul sollten bald getrübt werden. Ein Anlass hiezu lag bereits in den Bestimmungen des Vertrages vom 29. Jänner. Von spanischer Seite wurde der Friedensfürst mit der obersten Leitung des Krieges betraut, ein Mann, den Napoleon tief verachtete, wenn er auch öfter das Gegentheil schrieb. Als Lucian für ihn Geschenke und ein Porträt Napoleons verlangte, antwortete dieser am 9. April 1801[1]): „Ich werde mein Bildnis niemals einem Menschen senden, der seinen Vorgänger eingekerkert hält und die Mittel der Inquisition gebraucht. Ich kann mich seiner bedienen, schulde ihm aber nur Verachtung" — ein Urtheil, das dem der Directoren ziemlich ähnlich ist[2]). Am 4. Februar bereits hatte Napoleon an den General Gouvion Saint-Cyr den Befehl ergehen lassen, die Leitung des Krieges gegen Portugal zu übernehmen, da der mit dem Obercommando betraute Friedensfürst durchaus kein Soldat sei[3]). Lucian theilte sofort mit, welch üblen Effect dies hervorrufen würde[4]). Übrigens war es geradezu eine Verletzung des Vertrages vom 29. Jänner, der ohnehin schon in sich einen Widerspruch enthielt[5]).

---

[1]) Napoléon I. Correspondance VII, No. 5516: ....„Je n'enverrai jamais mon portrait à un homme qui tient sont prédécesseur au cachot et qui emploie les moyens de l'inquisition : Je puis m'en servir, mais je ne lui dois que du mépris." Unter dem Vorgänger ist Urquijo gemeint.

[2]) Siehe Seite 9, Anmerk. 1.

[3]) Napoléon I. Correspondance VII. No. 5339: ....„Le Prince de la Paix, qui a pris le commandement en chef, n'est point militaire, ce qui rend nécessaire l'envoi d'un officier aussi distingué."

[4]) Lucian an Talleyrand am 28. Februar 1801: ....„La position de Saint-Cyr devient difficile.... En vérité, vouloir, qu'il aille avec le prince de la Paix, c'est donner l'air à celui-ci d'un écolier et s'il n'est pas assez fort pour ne pas en avoir besoin, il l'est assez pour s'apercevoir qu'on lui en donne un dont la renommée l'écrase." Th. Jung: Lucien Bonaparte II Appendice, Pièce No. XI.

[5]) Ich weiß nicht, wie sich die den Vertrag Unterzeichnenden die Ausführung der Bestimmung: „Las tropas francesas obrarán... conforme á los planes del general español.... sin que los generales franceses alteren sus ideas" dachten.

Vielleicht trug auch die Lässigkeit, welche die spanische Regierung den französischen Unternehmungen entgegengebracht zu haben scheint, soweit dieselben das Mittelmeer betrafen, dazu bei, zwischen den Alliierten eine gewisse Spannung hervorzurufen.

Die eigentliche Ursache der Entzweiung lag auch diesmal, wie im Jahre 1798, in der portugiesischen Angelegenheit. Am 13. Februar 1801 ließ Napoleon Talleyrand wissen, dass es wünschenswert wäre, außer dem bereits im Vertrage Geforderten noch 15 oder 20 Millionen, vor allem aber die vier Linienschiffe und die Fregatten, die ihn in Alexandrien blockiert hätten, zu erhalten[1]). — Plötzlich, am 2. März[2]), ertheilte er Talleyrand den Befehl, den Gesandten der Republik in Madrid wissen zu lassen, er könne, falls der König von Spanien so milde sein wollte, keine portugiesische Provinz zu besetzen, dem zustimmen unter der Bedingung, dass Portugal die drei Schiffe ausliefere, die ihn in Alexandrien blockiert hätten; die anderen Bedingungen hätten unverändert zu bleiben; so könnte man mit Portugal abschließen.

Dieses wichtige Schreiben scheint bisher nicht gewürdigt worden zu sein. Was mag diese plötzliche Sinnesänderung bei Napoleon hervorgerufen haben? Das Schreiben vom 2. März enthält darüber einige Andeutungen. Es geht nämlich aus demselben auch hervor, wie viel ihm damals daran lag, dass Spanien die Ausrüstung seiner Flotte mit größtem Eifer betreibe, und zwar in Cadix, sei es um die Meerenge für englische Geschwader abzusperren, sei es, um sich mit den französischen und russischen Mittelmeergeschwadern zu verbinden; ferner, dass die von den Spaniern an Frankreich überlassenen sechs Schiffe sofort nach Cadix geschickt würden. Ja, Lucian sollte dem Herzog von Parma, ohne Rücksicht auf Toscana, Lucca anbieten, wenn Spanien drei Fregatten in Barcelona und Cartagena und sechs Linienschiffe in Havanna, sämmtlich vollkommen gerüstet, abträte und auf Havanna einen Credit von

---

[1]) Napoléon I. Correspondance VII. No. 5365.

[2]) Napoléon I. Correspondance VII. No. 5426: ....„Vous lui ferez connaitre que, si le roi d'Espagne veut se relâcher à ne pas occuper une des provinces du Portugal, il pourra consentir à condition que le roi de Portugal nous remettra les trois vaisseaux qui m'ont bloqué à Alexandrie, et cela indépendamment des autres conditions. — A ces conditions, il peut conclure avec cette puissance. Envoyez-lui le pouvoir pour cette négociation."

600.000 Franken gäbe. Das Streben Napoleons war also in jenem Momente dahin gerichtet, direct gegen die englische Macht einen furchtbaren Schlag zu führen. Die Umstände schienen das Unternehmen sehr zu begünstigen. Denn im Norden hatte sich unter dem Protectorate Kaiser Pauls I. von Russland ein gefährlicher Bund gegen England gebildet. Nun kam alles darauf an, dass Spanien mit voller Macht eintrete. Kam jetzt rasch ein Friede mit Portugal zustande, dann konnte der erste Consul erwarten, dass der König von Spanien, dem ein Krieg gegen Portugal höchst peinlich war, sich zu Dank verpflichtet fühlte. Dann konnte Spanien die Summen, die der Krieg gegen jene Macht verschlungen hätte, zu Flottenrüstungen verwenden. Und schließlich wäre durch diesen Frieden den Engländern, die kaum einen Monat zuvor ihren bedeutendsten Alliierten, Österreich, verloren hatten, in einem sehr kritischen Augenblicke abermals ein wertvoller Bundesgenosse entzogen worden, was sie umso schwerer getroffen hätte, als ihnen durch die Sperrung der Häfen Portugals einige Flottenstationen entzogen worden wären, die für einen Krieg im Mittelmeere von eminenter Wichtigkeit waren.

Die Rüstungen gegen Portugal, die anfangs sichtlich befördert worden waren, wurden jetzt von französischer Seite sehr lässig betrieben, so dass Leclerc, der Commandant des französischen Hilfscorps, an Lucian am 14. März 1801 schrieb, er glaube nicht, dass Napoleon die Absicht habe, das Corps gegen Portugal marschieren zu lassen[1]). Am 11. April schrieb er abermals: „Ich glaube nicht, dass wir gegen Portugal Krieg führen werden. Wenn Napoleon dazu Lust hätte, wir wären schon lange bereit"[2]).

In der That: Napoleon scheint damals allen Ernstes darnach gestrebt zu haben, den Ausgleich mit Portugal auf friedlichem Wege herbeizuführen. Denn am 4. April theilte Talleyrand dem Gesandten der Republik in Madrid das Minimum der von Portugal zu stellenden Forderungen mit, die bei weitem gemäßigter waren, als die, welche Napoleon am 2. März gestellt hatte. „Die drei Hauptforderungen sind nur: Ausschluss der englischen Schiffe, Einfuhr von

---

[1]) Th. Jung: Lucien Bonaparte II. Seite 78.
[2]) Th. Jung. a. a. O. II. Seite 78.

Stoffen, Grenzregulierung in Amerika" [1]). Lucian schrieb dann dem Friedensfürsten am 26. April, die Forderungen, welche Napoleon an Portugal stelle, seien in dem Vertrage vom 29. Jänner enthalten. Doch könnte man, wenn der König von Spanien zustimme, eine oder die andere dieser Bedingungen durch minder unangenehme ersetzen. Er besitze hiezu Vollmacht. Die Sperrung der portugiesischen Häfen für die Engländer sei aber eine unabänderliche Grundlage [2]).

Da die Portugiesen darauf nicht eingiengen, begannen die Feindseligkeiten, welche übrigens von sehr kurzer Dauer waren. Anfangs Juni sandte der Prinzregent von Portugal seinen Bevollmächtigten, Louis Pinto de Souza, nach Badajoz, wo zwischen diesem und dem Friedensfürsten sehr bald ein Friede zustande kam. „Sperrung der portugiesischen Häfen für die Engländer; Abtretung Olivenzas und seines Gebietes an Spanien" waren die wichtigsten Bedingungen, welche Portugal zugestand. Dagegen garantierte der König von Spanien dem Prinzregenten den ungeschmälerten Besitz seiner Staaten [3]). Im Namen Frankreichs unterzeichnete dann Lucian einen Frieden zwischen der Republik und Portugal [4]) und erhielt vom portugiesischen Hofe reiche Geschenke [5]).

Indessen hatten sich die Ansichten des ersten Consuls in Bezug auf Portugal wesentlich geändert. Paul I., die Seele des Seebundes der Neutralen, wurde in der Nacht vom 23. auf den 24. März 1801 ermordet. Von seinem Sohne Alexander war nicht zu erwarten, dass er die Politik seines Vaters der Republik gegenüber beibehalten werde. Anderseits hatte sich die Lage der Engländer wesentlich gebessert. Mit Dänemark kam ein Ausgleich zustande und der Seebund löste sich auf. In Egypten errangen die Engländer wesentliche Vortheile. Wenn also Napoleon bei den seit längerer

---

[1] Th. Jung, a. a. O. II. Seite 81.
[2] Th. Jung, a. a. O. II. Seite 82.
[3] Lafuente, a. a. O. XV. 387. Der Friede wurde am 6. Juni unterzeichnet.
[4] Lucian hat nicht das spanisch-portugiesische Friedensdocument unterschrieben, sondern es wurde ein neues abgefasst. Vergl. Lafuente, a. a. O. XV. 387. Anmerk. 4.
[5] Geoffroy: L'Ambassade française, Seite 225. Darnach ließ es auch der Madrider Hof an Geschenken nicht fehlen.

Zeit in London gepflogenen Unterhandlungen nicht bloß mit leeren Phrasen drohen, sondern denselben auch einigen Nachdruck verleihen wollte, so musste er trachten, einen Theil Portugals zu besetzen. Als daher ein Bevollmächtigter dieser Macht, Araujo, in Frankreich behufs Unterhandlungen erschien, so gab der erste Consul am 13. Mai 1801 allerdings seine Zustimmung, dass solche Unterhandlungen in Lorient stattfänden. Doch seien folgende Forderungen zu stellen: Alle englischen Schiffe sind mit Beschlag zu belegen und die portugiesischen Häfen bis zu einem allgemeinen Frieden für die Engländer zu sperren; bis zu einem solchen haben auch die Provinzen Entre Douro e Minho, Traz oz Montes und Beïra eine zur Hälfte spanische und zur Hälfte französische Besatzung zu erhalten und als Pfand zu dienen, dass die Engländer die gemachten Eroberungen herausgäben; ferner sind die Schiffe, welche die Expeditionen gegen Malta und Egypten mitmachten, auszuliefern und 20 Millionen Kriegsentschädigung zu zahlen[1]. Am 28. Mai ertheilte Talleyrand an Lucian die Weisung, an Bedingungen festzuhalten, welche den für die Unterhandlungen in Lorient[2] gestellten gleich waren. In einem Nota-bene betont Talleyrand noch ausdrücklich: „Die Bedingung, von der Sie unter keinen Umständen lassen dürfen, ist die Occupation der Provinzen Entre Douro e Minho, Traz oz Montes und Beïra durch spanische und französische Truppen bis zum allgemeinen Frieden. Vornehmlich deswegen schicke ich einen Courier, und um Sie aufzufordern, diesen Punkt um so beharrlicher festzuhalten, da der König von Spanien seit den ersten Eröffnungen Widerwillen zeigte, diese Bedingung dem portugiesischen Hofe aufzuerlegen."[3] Und Otto, der französische Commissär in London,

---

[1] Napoléon I. Correspondance VII. No. 5562.

[2] Die Unterhandlungen in Lorient wurden sehr bald resultatlos abgebrochen.

[3] Th. Jung: Lucien Bonaparte II., Seite 85: ...P. S. „La condition de la quelle il importe le plus de ne pas se désister, est celle de la possession des provinces d'entre Douro et Minho, Tras los Montes et Beyra, par les troupes espagnoles et françaises jusqu' à la paix générale. C'est particulièrement pour cet objet que je vous envoie un currier et que je vous invite à mettre d'autant plus d'insistance à cet égard que, dès les premières ouvertures, le roi d'Espagne marqua de la répugnance à imposer cette condition à la cour de Portugal" .... Lucian selbst bekennt in einem Briefe an Talleyrand (a.a.O.II.86), dass er diese Depesche vor Unterzeichnung des Friedens erhalten habe.

wurde beauftragt, hervorzuheben, dass die französischen und spanischen Armeen bereits in Portugal eingedrungen seien und dass man, wenn das englische Ministerium sein großes Übergewicht zur See missbrauchen wolle, um Frankreich zu einem außerordentlichen Schlage zu zwingen, die seit zehn Jahren gegebenen Beispiele, wie sie in der modernen Geschichte noch nicht dagewesen seien, sich wiederholen sehen würde [1]).

So dachte Napoleon möglichst günstige Friedensbedingungen von England zu erlangen, als er die Nachricht von dem in Badajoz abgeschlossenen Frieden erhielt. Am 15. Juni befahl er Talleyrand an Lucian zu schreiben: ...„Der Friede ist ein unerhörter Schlag, den der erste Consul als einen der offenkundigsten Misserfolge seiner Amtsthätigkeit betrachtet" [2]). Einen solchen Frieden könne er natürlich nicht ratificieren, er betrachte ihn nur als ein Protokoll.

Mit dem Frieden von Badajoz trat eine wesentliche Änderung der Beziehungen zwischen dem ersten Consul und Spanien ein. Ja, er ist geradezu eine Epoche in der neuesten spanischen Geschichte [3]). Die Nicht-Ratificierung des Friedens vom 6. Juni verstimmte den Madrider Hof, während Napoleon heftig zu neuen Operationen drängte [4]). Der Friedensfürst scheint seinen Unmuth darüber dem französischen Gesandten ziemlich offen ausgedrückt zu haben; denn am 7. Juli 1801 schrieb Napoleon an Talleyrand: „Beiliegend werden Sie, Herr Minister, die Briefe aus Spanien finden. Sie werden

---

[1]) Napoléon I. Correspondance VII. Nr. 5589.

[2]) Napoléon I. Correspondance VII. No. 5604.

[3]) Napoléon I. Correspondance VII, Nr. 5886 (An Général Gouvion Saint-Cyr; Paris, 10 frimaire an X [1er décembre 1801]): ....„La plus intime union régnait entre la France et l'Espagne lorsque Sa Majesté Catholique jugea à propos de ratifier le traité de Badajoz."
Talleyrand schrieb am 16. frimaire (7. December) an Gouvion Saint-Cyr (Th. Jung: Lucien Bonaparte II. Appendice, Pièce No. XXX) .....Par tout ce qui s'est passé en Espagne depuis six mois, nous ne pouvons voir la cause première des écarts de ce cabinet que dans le caractère et les vues ambitieuses du prince de la Paix. A l'époque des négociations de Badajoz, la plus parfaite intelligence régnait entre les deux gouvernements; depuis la signature du traité de ce nom, tout a été contradiction, animosité et discorde." General Gouvion Saint-Cyr war der Nachfolger Lucians in Madrid.

[4]) Napoléon I. Correspondance VII, Nr. 5605. Th. Jung: Lucien II. Appendice. Pièce No. XXIV.

aus denselben entnehmen, dass der Friedensfürst, der neun Festungen genommen und, ich weiß nicht wie viele Schlachten geliefert hat, gegen unseren Gesandten den Ton eines Suwarow annimmt. Schicken Sie mir, ich bitte Sie, den Courier sobald als möglich zurück und theilen Sie mir Ihre Meinung mit." [1])

Die Antwort Talleyrands vom 9. Juli enthält gleichsam die Grundzüge der von nun an gegen Spanien zu beobachtenden Politik. Es heißt in dem Briefe: [2]) „Ich habe soeben so aufmerksam als möglich die Briefe aus Spanien gelesen.... Es gilt zu erwägen, ob nicht der richtige Moment gekommen sei, einen endgiltigen Plan unseres Verhaltens gegen diesen traurigen Bundesgenossen zu fassen.

Ich gehe von folgenden Gesichtspunkten aus: „Spanien hat, um mich eines seiner Ausdrücke zu bedienen, Portugal heuchlerisch bekriegt; es will entschieden Frieden. Der Friedensfürst ist, wie man uns schreibt und was ich gerne glaube, in Unterhandlungen mit England. Das Directorium meinte, er sei von dieser Macht erkauft [3]). Der König und die Königin sind vom Fürsten abhängig..... Ein Bruch mit Spanien ist eine lächerliche Drohung zu einer Zeit, wo wir seine Schiffe in Brest haben und unsere Truppen im Herzen des Königreiches stehen. Das, meine ich, ist unser Verhältnis zu Spanien. Was haben wir zu thun?

Es scheint mir, dass uns Spanien, das bei allen Friedensschlüssen das Versailler Cabinet durch seine ungeheueren Anforderungen gequält hat, diesmal davon völlig befreit hat. Es hat uns

---

[1] Napoléon I. Correspondance VII, Nr. 5629.
[2] Lettres inédites de Talleyrand à Napoléon No. VII.
[3] Es ist nicht zu bezweifeln, dass der Friedensfürst die Absicht äußerte, einen Separatfrieden mit England schließen zu wollen. Vgl. Napoléon I. Correspondance VII, Nr. 5886. Dass er wirklich in Separatunterhandlungen mit England trat, ist damit noch nicht bewiesen, noch weniger, dass er vor dem Jahre 1802 von dieser Macht erkauft gewesen sei. H. Frere, englischer Gesandter in Spanien, schreibt am 22. December 1802 an Lord Hawkesbury: „He (der Friedensfürst) is certainly at this moment indisposed towards France, though he entertains at the same time an excessive distrust of the British Governement, the effect of the former calumnies of the French. I believe I mentioned to your Lordship once that he was seriously persuaded that the British Governement had employed persons to poison or assassinate him. This notion which appears so absurd in England, is not so here, owing, as I find, to the extreme frequency of the former crime." Young, Life of Lord Liverpool I. (London 1868) Seite 87.

selbst unser Verhalten vorgeschrieben. Wir können mit England machen, was es mit Portugal macht; es opfert die Interessen seines Verbündeten, das heißt, es stellt uns Trinidad in den Unterhandlungen mit England zur Verfügung. Wenn Sie diese Ansicht gutheißen, sollte man die Unterhandlungen in London ein wenig betreiben, während in Madrid Diplomatie oder vielmehr Rechthaberei am Platze wäre, wobei man sich jedoch stets in süßlichen Redensarten, in freundschaftlichen Auseinandersetzungen, beruhigenden Äußerungen über das Schicksal des Königs von Toscana und stetigen Phrasen über die Interessen der Allianz etc. etc. bewegen sollte, kurz, man müsste in Madrid Zeit gewinnen und in London hasten." Ein Gesandtenwechsel würde nur Aufsehen erregen. England dürfe man nicht für Portugal unterhandeln lassen. Dieses würde nach Madrid zurückkommen, um die entscheidenden Bestimmungen dieses Friedens zu vereinbaren.

Das ist das neue Programm. Napoleon Bonaparte hat es auch angenommen; nur schien es ihm geeigneter, statt der schönen, süßlichen Redensarten einen etwas geräuschvolleren Ton anzuschlagen. Er schreibt am 10. Juli 1801 an Talleyrand[1]): „Theilen Sie, Herr Minister, dem Gesandten der Republik in Madrid mit, dass er sich an den Hof begeben und dort die gehörigen Saiten aufziehen muss. Er wird Folgendes sagen: dass ich das Billet des General Friedensfürsten gelesen habe. Es ist so lächerlich, dass es keine ernsthafte Antwort verdient; dass jedoch, wenn der Friedensfürst den König und die Königin in seinen gegen die Ehre und die Interessen der Republik gerichteten Maßnahmen fortreißen würde, die letzte Stunde der spanischen Monarchie geschlagen hätte;" . . . .

Das ist der Ton, in welchem von nun an durch längere Zeit der erste Consul über den Friedensfürsten zu sprechen pflegt.

Aber die spanische Regierung zeigte diesmal mehr Energie, als der Leiter der Republik erwartet haben mag. Am 26. Juli erklärte der Friedensfürst, dass der König von Spanien jedes weitere Einrücken französischer Truppen als Vertragsverletzung betrachten

---

[1]) Napoléon I. Correspondance VII, Nr. 5630. Die Worte „qu'il doit y déployer le caractère nécessaire dans cette circonstance" scheinen mir durch die obige, allerdings etwas triviale Redensart am besten wiedergegeben zu sein.

werde; es wäre vielmehr an der Zeit, dass die 15.000 Mann nach Frankreich zurückkehrten¹). Und auf den anmaßenden Ton des ersten Consuls hin schrieb Cevallos am 19. August an Azara, der seit April 1801 den Gesandtschaftsposten in Paris wieder bekleidete: „Wenn der erste Consul so kühn gewesen sei, den Ausspruch bezüglich der gefahrvollen Lage und kurzen Dauer des spanischen Thrones zu wiederholen, so möge er ihm mit Würde und entsprechender Energie antworten, dass Gott über das Schicksal der Herrscher verfüge, und dass eine frisch gegründete Herrschaft leichter zugrunde gehe als ein ehrwürdiger, gesalbter König"²). Merkwürdig, gerade in Spanien sollte Napoleon die Richtigkeit dieses Satzes erfahren. Azara, welcher die persönliche Freundschaft desselben besass, wusste ihn einigermaßen zu besänftigen. So trat der erste Consul, als er sah, dass Spanien zu keiner weiteren Action zu bringen sei, Lucian seinem Unmuth über die unangenehme Stellung, die er jetzt dem Madrider Hofe gegenüber einnähme, wiederholt Ausdruck gab und der Abschluss eines für Frankreich günstigen Präliminarfriedens mit England bevorstand, in neue Unterhandlungen mit Portugal. Am 29. September 1801 wurde der Friede von Madrid geschlossen — vielleicht auch, um der Welt einen Beweis der Friedfertigkeit des ersten Consuls zu geben. Dieser Friede fügte zu den Bestimmungen des Friedens von Badajoz einen Artikel bezüglich der Grenzregulierung in Guyana und einen anderen hinsichtlich des Handels zwischen beiden Nationen hinzu. In einem geheimen Artikel wurde außerdem bestimmt, dass Portugal an Frankreich 20 Millionen Livres tournois zu zahlen habe³).

Damit waren aber die freundlichen Beziehungen zwischen Frankreich und Spanien keineswegs wieder hergestellt. Ohne Wissen dieser Macht war nämlich in den Präliminarien von London Trinidad

---

¹) Lafuente, a. a. O. XV. 388.

²) Lafuente: Historia general XV, Seite 388: . . . . „Que si el primer cónsul fuese tan osado que repitiera lo del peligro y poca duración del trono español, le contestase con la dignidad y energía correspondiente, que Dios dispone de la suerte de los imperios, y que más fácilmente dejará de existir un gobierno naciente que un rey anciano y ungido."

³) A. du Casse, Histoire des négociations diplomatiques relatives aux traités de Morfontaine, de Lunéville et d'Amiens. Paris 1855. III. Seite 7 ff.

den Engländern überlassen worden[1]), was in Spanien große Verstimmung hervorrief. Aber ein Protest Azaras hatte eine scharfe Erwiderung Bonapartes an den Vertreter Frankreichs in Madrid[2]), General Gouvion Saint-Cyr, zur Folge, in welcher derselbe erklärte, Spanien trage durch sein Benehmen im portugiesischen Kriege Schuld an dem Verluste Trinidads. Er fordert die endliche Räumung Louisianas[3]) und gibt seinem Groll gegen den Friedensfürsten Ausdruck. „In den letzten sechs Monaten", heißt es am Schlusse des Briefes, „hat dieser Minister weder höhnende Noten, noch gewagte Schritte gespart; Was er gegen Frankreich thun konnte, hat er gethan; sagen Sie dreist der Königin und dem Friedensfürsten, wenn man in diesem Systeme fortfahre, werde dies mit einem Donnerschlage endigen."[4]) Diese Sprache scheint in Madrid doch einigermaßen gewirkt zu haben. Wenigstens gab Spanien in dem am 23. März 1802 in Amiens geschlossenen Frieden Trinidad preis.

Aber auch dieser Friede führte nicht die alten freundlichen Beziehungen herbei. Denn es gab bald Anlass zu neuer Verstimmung. Zunächst dürfte Napoleon die Doppelhochzeit, welche am 6. Juli 1802 in Barcelona begangen wurde, und welche den spanischen und neapolitanischen Hof aufs engste verband, recht ungern gesehen haben. Es wurde nämlich der Prinz von Asturien mit Maria Antoinette von Neapel, und deren Bruder, der Erbprinz der beiden Sizilien, mit Isabella, der jüngsten Tochter des Königs von Spanien, vermählt. Der erste Consul musste befürchten, die Königin Maria

---

[1]) Noch am 29. Germinal des Jahres IX (19. April 1801) hatte Talleyrand an Lucian geschrieben: „ . . . . Nous ne laisserons jamais le gouvernement espagnol perdre une aussi belle propriété." Th. Jung: Lucien Bonaparte II. Appendice, No. XVII.

[2]) Napoléon I. Correspondance VII, Nr. 5886. Der Brief ist datiert vom 10. Frimaire des Jahres X. Lucian verließ Madrid am 10. December 1801.

[3]) Dass Louisiana nicht geräumt wurde, begründete man in Madrid damit, dass das Königreich Etrurien noch nicht von allen Mächten anerkannt sei. Geoffroy, l. c. Seite 228.

[4]) . . . . „Je désire que vous fassiez connaître à Leurs Majestés mon extrême mécontentement de la conduite injuste et inconséquente du prince de la Paix. Dans ces six derniers mois, ce ministre n'a épargné ni notes insultantes, ni démarches hasardées; tout ce qu'il a pu faire contre la France, il l'a fait; Si l'on continue dans ce système, dites hardiment à la reine et au prince de la Paix que cela finira par un coup de tonnerre."

Karolina von Neapel werde trachten, die Politik Spaniens durch ihre Tochter, die nunmehrige Prinzessin von Asturien, zu beeinflussen. Es wird bald gezeigt werden, dass diese Heirat auf den Gang der Ereignisse in diesem Königreiche thatsächlich einen großen Einfluss übte.

Um diese Zeit war der französische General-Commissär Belleville bemüht, einen Handelsvertrag zwischen Frankreich und Spanien zustande zu bringen, ein Wunsch, der schon seit den Zeiten des Wohlfahrtsausschusses gehegt wurde, von Seiten Frankreichs natürlich, da er ja dazu dienen sollte, der Industrie des Landes ein neues Absatzgebiet zu schaffen. Gleichsam als Antwort darauf erschien am 22. October ein königlicher Erlass, welcher nicht nur die Einfuhr von Baumwollartikeln verbot, sondern sogar die schon in Spanien befindlichen Zeuge mit Beschlag belegte [1]).

Eine Schwierigkeit bildete auch die parmesanische Angelegenheit. Schon zu Lebzeiten des alten Herzogs, Ferdinand, dem die parmesanischen Besitzungen, nämlich Parma und Piacenza, bis zu seinem Tode zuerkannt waren, war man in Madrid bemüht, für die Zukunft deren Vereinigung mit dem Königreich Etrurien durchzusetzen. Als nun Herzog Ferdinand am 9. October 1802 starb, musste man an die Lösung dieser Frage schreiten. Aber Napoleon erklärte seine Zustimmung zu diesem Plane nur dann geben zu können, wenn der König von Spanien zu Louisiana auch Florida hinzufüge, worauf man in Madrid nicht eingieng [2]). Unterdessen war die von der verwitweten Herzogin eingesetzte Regentschaft am 23. October 1802 aufgelöst worden, und die Republik Frankreich sprach sich durch eine Proclamation die Souveränität über das Herzogthum zu [3]).

Der Unwille des Madrider Hofes wurde aber besonders dadurch wachgerufen, dass Napoleon am 30. April 1803 Louisiana an die Vereinigten Staaten von Amerika verkaufte, ohne Spanien auch nur

---

[1]) Lettres inédites de Talleyrand à Napoléon No. XXVIII (17 brumaire an XI = 8. November 1802). Antwort Napoleons: Napoléon I. Correspondance VIII, No. 6422.

[2]) Napoléon I. Correspondance VIII, No. 6280, 6455.

[3]) Martens: George Frederic de, Supplement au Rec. de princ. Traités, Tome IV et dernier, Gottingue 1808, No. 52.

davon zu verständigen¹). Nun soll aber Spanien diese Colonie mit der Bedingung an Frankreich abgetreten haben, dass dieselbe, falls Frankreich des Besitzes überdrüssig sei, nur an Spanien zurückfallen dürfe²). Deshalb erhob Azara Protest und verlangte gleichzeitig, dass die französischen Truppen Toscana räumten und die parmesanischen Besitzungen dem Könige von Etrurien übergeben würden³).

Die Beziehungen zwischen Spanien und Frankreich waren also keineswegs die besten, als am 22. Mai 1803 der Krieg zwischen England und Frankreich wieder zum Ausbruch kam. Da derselbe nicht unerwartet kam, so war die erstgenannte Macht schon längere Zeit eifrigst bemüht, sich für den in Aussicht stehenden Krieg der Neutralität Spaniens zu versichern. Da man übrigens in England wusste, dass dem Friedensfürsten die Aufrechterhaltung einer entschiedenen Neutralität kaum möglich sein dürfte, weil Frankreich die im Allianzvertrage von San Ildefonso festgesetzte Unterstützung fordern konnte, so schrieb der damalige englische Minister des Äußern, Lord Hawkesbury, am 2. Juni 1803 an den englischen Gesandten in Madrid, Frere⁴): . . . „Wenn die spanische Regierung

---

¹) Dieser Verkauf Louisianas war dem ersten Consul keineswegs angenehm. Denn durch die Abtretung dieser Colonie verloren die französischen Besitzungen in den Antillen und vor allem San Domingo ihren mächtigen Rückhalt. Aber da die Vertreter der Vereinigten Staaten (M. Monroe und Livingstone) drohten, diese würden im Falle der Nichtabtretung in dem bevorstehenden Kriege mit England gemeinsame Sache machen, so gab Napoleon nach. Es ist dies das erstemal, dass er einer fremden Macht gänzlich nachgab. Vgl. C. de Witt: Thomas Jefferson, Paris 1871. Seite 271 ff. und The Writings of Thomas Jefferson (Jefferson to Robert R. Livingston, Washington, April 18, 1802 und andere Briefe).

²) In den bei Lafuente, a. a. O. XV 371 ff. mitgetheilten Artikeln des Vertrages vom 1. October 1800 konnte ich eine solche Bestimmung nicht finden. Sie dürfte in einem späteren Vertrage enthalten sein.

³) Lafuente, a. a. O. XVI. 26. Anmerk. 1.

⁴) Friedrich von Gentz: Authentische Darstellung des Verhältnisses zwischen England und Spanien. St. Petersburg: Actenstücke Nr. 3 bis .. In diesem Buche werden die Verhandlungen zwischen England und Spanien dargestellt. Als Ergänzung dienen: Youge: Life of Lord Liverpool I. und Stanhope. Life of W. Pitt. IV. London 1867. — Die Unterhandlungen mit Frankreich werden in M. Geoffroy: L'Ambassade française en Espagne, unter Benützung der betreffenden Actenstücke im Capitel VIII: Batailles Diplomatiques ziemlich ausführlich mitgetheilt. — Vom spanischen Gesichtspunkte werden diese Dinge in Lafuente: Historia general de Espagña XVI, Seite 28—44, behandelt. — Ganz

Ihnen erklärt, dass sie sich verpflichtet halte, Frankreich die in dem besagten Tractat bestimmt-stipulierte Anzahl von Truppen und Schiffen zu liefern, dass sie aber ihre Mitwirkung nicht weiter zu erstrecken gesonnen sey, so enthalten Sie Sich Ihrer Seits aller Erklärung über diesen Punkt, und begnügen Sich mit der Anzeige, dass Sie davon an Ihren Hof berichten werden."

Dagegen war Frankreich zunächst bemüht, von Spanien eine Betheiligung am Kriege gegen England zu erreichen, und zwar mit allen, den Spaniern zu Gebote stehenden Mitteln. Aber einer solchen Absicht war weder der Friedensfürst, noch der spanische Minister des Auswärtigen, Herr Cevallos, geneigt. Es kam zu einem förmlichen diplomatischen Kampf, indem der Friedensfürst einerseits von dem neuen französischen Gesandten, General Beurnonville [1]), anderseits von Herrn Frere bestürmt wurde. Unterdessen ließ der Commandant von Algesiras unter den Kanonen der Festung zwei französische Schiffe kapern. In Coruña verweigerte man vier französischen Kriegsschiffen zu landen; und da der Friedensfürst nicht hoffen konnte, dass der erste Consul dies ruhig hinnehmen werde, so wurden Milizen ausgehoben, Truppen nach Catalonien, Navarra, Biscaya und Asturien, sowie nach Valladolid und Burgos geschickt. Der erste Consul gab seinem Unwillen darüber in immer heftiger werdenden Worten Ausdruck. Da er übrigens von den, den Spaniern zu Gebote stehenden Streitmitteln gut unterrichtet war und sich von einer, diesen Mitteln entsprechenden Cooperation keinen allzu großen Nutzen versprach, wobei er vielleicht in Betracht zog, dass eine solche Cooperation eine Kriegserklärung Englands an Spanien zur Folge haben musste, was wieder einen bedeutenden Theil dieser Mittel zur Deckung der ausgedehnten Colonien absorbiert hätte, so kam er mit Talleyrand überein, den Spaniern eine scheinbare Neutralität zu lassen, dafür aber Subsidien zu fordern, welche den Kosten der Cooperation entprechen sollten. Allerdings behauptet Napoleon in einem Briefe

---

besonders wichtig ist aber Napoléon I. Correspondance VIII und die Lettres inédites de Talleyrand à Napoléon.

[1]) Pierre de Beurnonville langte in Madrid am 5. Jänner 1803 (14. Nivôse an XI) an. Es sei hier erwähnt, dass er die Convents-Commissäre begleitete, um Dumouriez gefangen zu nehmen, von diesem aber sammt den Commissären den Österreichern ausgeliefert wurde. Er kam nach Olmütz, wurde aber dann gegen die Tochter Ludwig XVI. ausgetauscht. Geoffroy: L'Ambassade française. 237 ff.

vom 14. August 1803 [1]), in welchem er Talleyrand beauftragt, eine
Note an Azara zu richten, und eine in denselben Ausdrücken
abgefasste an Beurnonville zu senden, das Wichtigste bei den gegenwärtigen Beziehungen Frankreichs zu Spanien sei nicht die Subsidien-Angelegenheit, auch nicht die Ausübung des Allianzvertrages, sondern
eine vollständige Genugthuung, welche Spanien für die den Franzosen
und Frankreich zugefügten Übelthaten zu leisten habe, zu erlangen.
Ist aber die Genugthuung geleistet, dann müsse Spanien entweder den
Engländern Krieg erklären oder Subsidien zahlen. Schon am
16. August übersandte der erste Consul abermals einen Brief an

---

[1]) Napoléon I. Correspondance VIII, No. 7007. Die Note an Azara sollte folgendermaßen abgefasst sein: Zunächst Aufzählung der Beschwerden: „Wenn der erste Consul hiefür Genugthuung erhalten hat, so hat Se. Majestät Folgendes zu betrachten:

Ob sie den Frieden von Amiens, denn sie unterzeichnet hat und welchen England verletzt hat, aufrecht erhalten will oder nicht.

Ob sie England den Krieg erklären will, oder im Falle der Neutralität Frankreich die verlangten Subsidien gewähren will, welche allein den Schaden ersetzen können, der Frankreich durch die Neutralität Spaniens zugefügt wird.

Oder ob Se. Majestät, blind durch den schwindelhaften Geist, der sich ihrer Minister bemächtigte, Krieg beginnen will.

Schließlich trägt mir der erste Consul auf, Ihnen bekanntzugeben, dass die größte Verantwortlichkeit, welche auf jedem Minister gelegen ist, durch diese Erklärung, welche ich Ihnen zu übersenden habe, auf Sie fällt. Es ist unmöglich, dass der König nicht einsieht, dass er verrathen ist, oder aber er hat wirklich den Entschluss gefasst, sich mit England gegen Frankreich zu verbünden. In einem und dem anderen Falle hat der erste Consul den festen Willen, dass diese Frage vor dem 20. Fructidor entschieden sei und er wisse, woran er sei. Er hat einige Zeit verstreichen lassen, weil er die spanischen Schiffe in ihre Häfen zurückkehren sah. Diese Gefälligkeit wurde von Seiten der Leute, welche das Madrider Cabinet dirigieren, für Schwäche gehalten; aber der erste Consul ist entschlossen, endlich erkennen zu lassen, dass Gott ihm die nöthige Macht gegeben habe, um den Verträgen Achtung zu verschaffen und zu bewirken, dass eine benachbarte Nation für das Blut und die Flagge Frankreichs denselben Respect hegen müsse, den Frankreich für das Blut und die Flagge Spaniens hege."
Am 17. August antwortet Talleyrand, er habe an Azara und Beurnonville geschrieben, und erlaube sich die Redaction der Note an Azara, welche er nach dem von Napoleon übersandten Modelle, nur mit geringfügigen Veränderungen, abgefasst habe, beizulegen; er bemerkt dann: „Je vous avouerai, Général, qu'en la relisant, j'ai été frappé du ton de cette pièce diplomatique, je ne puis m'empêcher de penser à l'éspèce d'embarras et d'humiliation que doit éprouver un cabinet qui a dans sa chancellerie un pareil office" . . . (Lettres inédites de Talleyrand à Napoléon XXXVII.)

Talleyrand, welcher mit folgenden Worten schließt: „Legen Sie schließlich dem General Beurnonville ans Herz, dass ich im Laufe des Fructidor eines dieser drei Dinge erreichen muss: 1. Entweder erklärt Spanien an England Krieg; oder 2. es zahlt die Subsidien, über welche in den vorhergehenden Briefen gesprochen wurde; oder 3. Frankreich erklärt an Spanien Krieg; denn so kann es nicht weitergehen" [1]).

Dadurch wurde der Friedensfürst allerdings eingeschüchtert und machte Anträge, welche aber den ersten Consul keineswegs befriedigten. Der ganze Groll desselben gibt sich in einem Briefe an den König von Spanien vom 18. September 1803 zu erkennen [2]): Ganz Europa sei unwillig über die Art von Entthronung, in welcher der Friedensfürst den König allen Regierungen darzustellen beliebe. Der Friedensfürst sei der wahre König Spaniens. Er, der erste Consul, sähe mit Bedauern voraus, dass er gezwungen, diesen neuen König zu bekriegen, gleichzeitig einen Fürsten bekriegen müsse, der, wenn er hätte selbst regieren wollen, das Glück seiner Unterthanen gebildet hätte. Bräche dann die Gefahr herein, so werde der Friedensfürst mit seinen ungeheuren Schätzen nach England entfliehen, und der König trüge Schuld an dem Unglücke seines Volkes, seiner Krone und seines Geschlechtes.—„Wenn aber Euere Majestät zu mir noch das Vertrauen hegen, wie Sie es einigemale gezeigt haben, und mich um ein Mittel befragen, ein so nahe bevorstehendes Unglück abzuwenden, so kann ich Ihnen nur eine Antwort geben, aus welcher Sie die Aufrichtigkeit meiner Freundschaft erkennen werden: Steigen Sie wieder auf Ihren Thron, entfernen Sie von demselben einen Menschen, welcher sich nach und nach der ganzen königlichen Gewalt bemächtigte, der in seiner hohen Stellung die niedrigen Leidenschaften seines Charakters beibehaltend, sich nie zu einem Gefühle erhoben hat, welches ihn an den Ruhm fesseln könnte, einen Menschen, der nur für seine Laster gelebt hat, und der immer nur durch den Durst nach Gold beherrscht werden wird" . . . [3])

---

[1]) Napoléon I. Correspondance VIII, No. 7008.

[2]) Napoléon I. Correspondance VIII, No. 7113.

[3]) Ob dieser Brief jemals nach Spanien gelangte ist fraglich. Vielleicht gehört er zu jenen Schriften, von welchen Geoffroy sagt: „On trouve aux Archives plusieurs projects de notes à Beurnonville, à d'Azara, de lettres à Charles IV qui n'ont jamais été envoyées;... (L'Ambassade française en Espagne. Seite 263.)

Um den Madrider Hof zu einer Entscheidung zu drängen, ergriff der erste Consul noch ein anderes Mittel. Der erste Secretär der französischen Gesandtschaft in Madrid, Herrman, befand sich nämlich auf Urlaub in Frankreich. Er musste sofort nach Madrid reisen, um vom Friedensfürsten Folgendes zu fordern: 1. Absetzung der Gouverneure von Cadix, Malaga und Algesiras binnen 24 Stunden; 2. Entschädigung für die vor Algesiras von den Engländern gekaperten französischen Schiffe; 3. sofortige Entlassung der Milizen; 4. Eröffnung des Beckens von Ferrol für französische Geschwader; 5. die Vertheidigungswerke von Ferrol sind in Stand zu setzen; 6. innerhalb acht Tagen ist zwischen dem Kriege mit England und der Zahlung von Subsidien an Frankreich im Betrage von sechs Millionen pro Monat zu wählen. — Herrman sollte seine Mission selbständig durchführen, ohne dass jedoch Beurnonville verletzt würde[1]). — Es ist dies ein Beispiel jener Unterhandlungsweise, welche, ich möchte sagen, eine diplomatische Unsitte ist, da sie für den beglaubigten Gesandten immer etwas Kränkendes hat, der in ihr eine Kundgebung des Misstrauens erblicken muss. Sie ist übrigens in jener Zeit nicht so selten. Die Instruction für Herrman ist am 19. September 1803 ausgestellt[2]). Ich hebe aus derselben nur nachstehende Sätze hervor, weil ich noch später auf dieselben zu sprechen kommen werde: „Sie sind über den Charakter des Prinzen unterrichtet, es ist Ihnen alles bekannt, was sich auf seine Stellung bezieht", heißt es an der einen Stelle. „Sie kennen die Stützen seines Credites, Sie wissen, von welcher Eifersucht, von welchen Rachegefühlen, von welchem Hasse seine Macht umgeben ist. Ihre Ankunft soll natür-

---

[1]) Über die Mission Herrmans siehe Geoffroy: L'Ambassade française Seite 263—266.

[2]) Geoffroy: L'Ambassade française. Pièces justificatives No. X. Die betreffenden Stellen lauten: „La caractère du Prince vous est connu, et vous n'ignorez rien de ce que tient à sa position. Vous savez quels sont les appuis de son crédit, et de quelles jolousies, de quels ressentiments, de quelles haines sa puissance est environnée. Votre arrivée doit naturellement réveiller les espérances que la perspective de sa chute a dû faire naître". — „Il ne sera pas difficile de faire établir dans tous les esprits qu'il est dur d'avoir une armée française au milieu de l'Espagne parce que les passions basses d'un favori y ont pourri le gouvernement; que l'Espagne ne doit pas être accablée pour la consistance d'un homme. Et de là peut naître au sein de la Cour un tel éclat de plaintes, d'alarmes et de supplications, que la disgrâce du prince de la Paix devienne une determination soudaine et volontaire du Souverain."

lich die Hoffnungen erwecken, welche die Aussicht auf seinen Sturz ins Leben rufen muss." — „Es wird nicht schwer sein, allen Gemüthern den Gedanken einzuimpfen, dass es hart ist, eine französische Armee deshalb im Herzen Spaniens zu haben, weil die niederen Leidenschaften eines Günstlings die Regierung faulen machten; dass Spanien nicht vernichtet werden solle, damit ein Mann sich behaupte. Und dann kann dies im Innersten des Hofes einen solchen Sturm von Beschwerden und Bittschriften und eine solche Beunruhigung hervorrufen, dass der Friedensfürst durch eine plötzliche und freiwillige Entscheidung des Herrschers in Ungnade fällt." Am 2. October traf Herrman in Madrid ein. Seine Mission blieb aber erfolglos, da der Friedensfürst die Annahme der Forderungen mit dem Bedeuten abwies, der König habe bereits dem spanischen Gesandten in Paris, Azara, die Vollmacht gegeben, die vom ersten Consul gestellten Forderungen zu unterschreiben. So hatte diese Mission eigentlich nur den Missmuth des Generals Beurnonville wachgerufen.

Noch ein Mittel wurde versucht. Beurnonville verlangte eine Audienz beim König. Es wurde hiezu der 11. October bestimmt. In der Audienz wollte der Gesandte dem König einen Brief des ersten Consuls überreichen. „Indem Bonaparte", schreibt Geoffroy [1]),

---

[1]) Geoffroy: L'Ambassade française. S. 267 ff. Leider gibt er nicht an, wo dieser Brief zu finden sei. In der auf Befehl Napoleon III. herausgegebenen Correspondance Napoleon I. ist ein solcher Brief nicht zu finden. Theodor v. Bernhardi („Napoleons I. Politik in Spanien" in der historischen Zeitschrift, herausgegeben von Heinrich von Sybel, München 1878. 40. Band, Seite 493) bespricht zunächst den Brief des ersten Consuls an den König vom 18. September 1803. Dann führt er fort: „In der amtlichen, an die spanische Regierung gerichteten Note waren nicht nur die Drohungen bestimmter ausgesprochen, sondern auch, was jedenfalls weniger in eine solche Urkunde gehört, gerade der zarteste Punkt mit roher Unumwundenheit viel bestimmter angedeutet."

„Die Franzosen", hieß es darin, „die das Haus Bourbon auf den spanischen Thron erhoben haben, werden den Weg nach Madrid wieder zu finden wissen, um von dort einen Menschen zu verjagen, der Frankreich in dem Vertrage von Badajoz verkauft hat, diesen Günstling, der auf dem verbrecherischsten aller Wege zu einem in den Annalen der neueren Geschichte unerhörten Grad der Gunst emporgekommen ist (ce favori parvenu par la plus criminelle des toutes les voies à un degré de faveur inouï dans les fastes de l'histoire moderne)." Leider gibt auch Bernhardi nicht an, wo dieser Brief sich findet. Überhaupt ist der Mangel an Citaten ein großer Fehler dieser Schrift Bernhardis.

„forderte, dass der Friedensfürst sofort in Ungnade falle, und den Krieg voraussehen liess, wenn die Subsidien nicht in ihrem ganzen Umfange zugestanden würden, bediente er sich, um die Annahme seiner Alternative zu bewirken, unerwarteter Mittel. Er enthüllt dem Könige den Jammer seines Palastes, gibt die genauesten Einzelheiten des Privatlebens der Königin und die Gründe der Erhebung Godoys bekannt, kurz er verhandelte über die Schande der Krone Spaniens, damit der Vertrag ins Werk gesetzt werde, welcher die beiden Nationen verband." Er konnte erwarten, seine Absicht zu erreichen. Aber der Leiter eines Staates, der auf solche Mittel baut, erniedrigt sich selbst, indem er die anderen beschimpft, bemerkt Geoffroy hiezu; seine Rolle als Angeber ist gleichzeitig schmutzig und lächerlich . . . . . Was Geoffroy von dem Briefe des ersten Consuls sagt, das gilt wohl auch von den früher citierten Stellen aus der Instruction für Herrman, von der man annehmen muss, dass sie ganz im Sinne des ersten Consuls geschrieben war.

Die Königin und der Friedensfürst wussten übrigens den Schlag sehr gut zu parieren. Sie bewogen den König, den Brief ungelesen zu lassen, da sie vom Inhalte desselben unterrichtet waren und wussten, welche Wirkung er hervorrufen würde. Der König befolgte ihren Rath, und so verlief die Audienz, ohne den gewünschten Erfolg zu haben.

Die Entscheidung fiel in Paris. Am 22. October wurde hier von Azara und Talleyrand ein Neutralitätsvertrag unterzeichnet, der unter dem Namen Subsidientractat bekannt ist, und im wesentlichen Folgendes festsetzte:[1]) Spanien hat den Franzosen in den Häfen von Ferrol, Coruña und Cadix jedweden Vorschub zu leisten (II). Es hat das Recht, seine durch die Verträge festgesetzten Verbindlichkeiten in eine Geldsteuer von sechs Millionen monatlich umzuwandeln (III). Hievon sind vier Millionen nach Frankreich abzuliefern, während

---

[1]) Lafuente, a. a. O. XVI. 34 ff. und Geoffroy: L'Ambassade française, Seite 270 ff. Ich habe an dem Datum Lafuentes festgehalten und halte den 19. October Geoffroys für unrichtig, da Talleyrand am 28 Vendémiaire des Jahres XII (21. October 1803) an Napelon schreibt (Lettres inédites No. XXXXVI):
. . . . „M. d'Azara a consenti à signer la convention dont j'ai l'honneur de vous adresser le projet. Je crois y avoir fait entrer tout ce qui vous a paru essentiel à y introduire. Il signera aussitôt que j'aurai appris que vous me permettez de signer".

zwei Millionen für die von Spanien in den Häfen Europas und der Colonien zu Gunsten Frankreichs gemachten Ausgaben deponiert bleiben, worüber dann im ganzen verrechnet wird (IV). — Unter diesen Bedingungen wird die Neutralität Spaniens von Seiten Frankreichs anerkannt (VI). — Der König von Spanien wird auch einen Neutralitätsvertrag mit Portugal vermitteln, demgemäß sich dasselbe durch die Zahlung von einer Million monatlich das Recht der Neutralität erkaufen wird (VII). — Im Laufe des Jahres XIII soll ein Handelsvertrag zwischen Frankreich und Spanien zustande kommen (VIII).

Dass dieser Vertrag kein Neutralitätsvertrag war, ergibt sich wohl aus seinem Inhalte. Talleyrand war von demselben sehr befriedigt. Er schreibt am 21. October 1803 an den ersten Consul: „Es scheint mir, dass der Vertrag, so wie er ist, Ihre Absichten erfüllt, und dass Sie aus der allerwidrigsten Unterhandlung das Ihren Absichten entsprechendste und nützlichste Ergebnis gezogen haben" [1].

Gegen diesen Vertrag nahm England Stellung. Lord Hawkesbury schreibt am 24. November 1803 an Frere: „Wenngleich Se. Majestät über eine geringfügige oder vorübergehende Geldhilfe, sofern sie zur Erreichung des Zweckes wesentlich ist, hinwegsehen würden, so würde es doch unmöglich, fortdauernde Zahlungen und Zahlungen von solchem Belang, als Sie sie ankündigen, in irgendeinem anderen Lichte, als dem bestimmter Subsidien und der wirksamsten Unterstützung zum Kriege, die Spanien nur aufbringen könnte, zu betrachten" [2]. Trotzdem dauerten die Unterhandlungen fort, denn Spanien kam der Zahlung der Subsidien nicht sehr pünktlich nach [3]. Doch wurde dem Madrider Hofe mitgetheilt, dass jede Ausrüstung von Schiffen in spanischen Häfen dem schonenden Benehmen Englands ein sofortiges Ende machen würde [4]. — Da erhielt der an den Küsten Galliciens kreuzende englische Admiral Cochrane die

---

[1] Lettres inédites de Talleyrand à Napoléon No. XXXXVI: ... „Il me parait que le traité, tel qu'il est, remplit vos intentions, et que vous avez retiré de la plus fastidieuse de toutes les négociations le résultat le plus convenable et le plus utile à vos vues."

[2] Friedrich von Gentz: „Authentische Darstellung des Verhältnisses zwischen England und Spanien." Aktenstücke Nr. 19 (Seite 353).

[3] Napoléon I. Correspondance IX. No. 7562.

[4] Stanhope. Life of Pitt, London 1867. IV. Seite 219.

Nachricht, dass man in Ferrol rüste. Lord Harrowby¹) ließ dagegen in energischer Weise Vorstellungen machen: Seine Majestät könne nicht zugeben, dass Spanien sich aller Vortheile der Neutralität erfreue und gleichzeitig gegen England einen doppelten Kampf führe, indem es seine Feinde durch Subsidien von unbegränzter Höhe unterstütze und es gleichzeitig zwinge, einen Theil seiner Seemacht vom Kampfe gegen diese Feinde abzuordnen, damit sie die Rüstungen, die in Häfen, welche als neutral ausgegeben sind, getroffen werden, überwache²). — Die von dem spanischen Minister des Auswärtigen, Herrn Cevallos, gegebenen Erklärungen befriedigten keineswegs. So wurden vier spanische, mit Gold beladene Fregatten am 5. October 1804 in der Nähe von Cadix von ebenso vielen englischen Schiffen angegriffen. Eine spanische Fregatte flog in die Luft, drei wurden gekapert und nach England geführt. D'Anduaga, der spanische Gesandte in London, verlangte Aufklärungen, erhielt sie aber nicht. Da erließ der König von Spanien, angefeuert von Napoleon³), am 12. December 1804 die Kriegserklärung an England. So war der erste Neutralitätsversuch des Friedensfürsten gänzlich gescheitert.

---

[1] Staatssecretär für die auswärtigen Angelegenheiten im neuen Ministerium Pitt.

[2] Stanhope, Life of W. Pitt IV. Seite 220. Depesche Lord Harrowbys an Frere vom 29. September 1804

[3] Napoléon I. Correspondance X. No. 8147, und Lafuente, a. a. O. XVI. 44 ff.

§. 3. Der Friedensfürst und Napoleon. — Die Prinzessin von Asturien.

König Karl IV., „so ehrenhaft, wie es ein König sein kann" [1]), hat mit König Ludwig XVI. manche Ähnlichkeit. Zu den Regierungsgeschäften war er unfähig. Diese führte in den letzten Regierungsjahren Karls der Friedensfürst, der seine Gewalt nur mit der Königin Maria Louise zu theilen hatte [2]). Es trifft ihn daher ein Theil der Verantwortlichkeit an den Ereignissen, welche in Spanien damals

[1]) „Croyez-vous d'ailleurs, citoyens, que Charles IV, qui est aussi honnête homme que peut l'être un roi, voulût rompre, sans autre motif que la convenance avec une puissance qui est en ce moment son alliée?" schreibt Bourgoing an den Wohlfahrtsausschuss — A. Sorel: La Diplomatie française et L'Espagne in der Revue historique XII. Seite 301.

[2]) Dass er nicht die unumschränkte Gewalt erhielt, wusste die Königin dadurch zu bewirken, dass sie zeitweise andere Minister, deren Einfluss sonst recht gering war, gegen ihn unterstützte; so schreibt schon Frere am 22. December 1802 an seine Regierung: „It is a singular fact, and perfectly agrees with what I have mentioned, that notwithstanding his seeming omnipotency, he has never been able to unite in his person the administration of the War Departement and the command of the army. The queen, who was alarmed at this union of powers, prevailed upon the king to resist it; the prince was baffled, and the office has been held for this year and a half in commendam by the Ministre of Justice, who was bred a lawyer, and is no more acquainted with military affairs than other lawyers usually are." — Am 13. Jänner 1807 ertheilte der König dem Friedensfürsten die Würde eines Groß-Admirals von Spanien und Indien mit allen Vorrechten und Einkünften, die einst mit der Würde des Groß-Admirals von Castillien verbunden waren. Aber schon am 26. Februar 1807 berichtet der österreichische Geschäftsträger in Madrid, Genotte, an Stadion (in Chiffern): „La Subordination des Ministres au Prince de la Paix ne sera pas aussi complète qu'elle fut dernièrement decretée; Le Ministre de la Justice ayant fait à S. A. R. de fortes représentations à ce sujet, soutenus par la Reine, qui craint maintenant de perdre son influence dans les affaires, les rapports entre le Roi et Ses Ministres sont retablis sur l'ancien pied." — K. und K. geh. Haus-, Hof- und Staats-Archiv zu Wien. Genotte an Stadion, Berichte vom 5. Jänner bis 26. März 1807 (Spanien Corr. 173 B).

vorfielen. Auch für das Verhältnis dieses Staates zu den übrigen Mächten ist er maßgebend. Es ist daher am Platze, diese für die Geschichte ihrer Zeit so wichtige Persönlichkeit näher zu betrachten.

Manuel Godoy wurde am 12. Mai 1767 in Badajoz als Kind vornehmer Eltern geboren, welche aber in bescheidenen Verhältnissen lebten. Er genoss zwar keine glänzende Erziehung, aber immerhin eine solche, wie sie ein Adeliger in der Provinz haben kann, das heißt, er lernte reiten und fechten, Latein und Humaniora, etwas Mathematik und das, was man damals Philosophie nannte. Mit 17 Jahren kam er in die königliche Leibgarde, in welcher bereits sein älterer Bruder Louis diente. Durch seine hübsche Gestalt und sein angenehmes Äußere gewann er sich die Liebe der Königin, und es entwickelte sich jenes anstößige Verhältnis, dem Godoy sein rasches Avancement zu verdanken hatte. Von 1784—1791 stieg er rasch von Stufe zu Stufe bis er Grande von Spanien, Herzog von Alcudia und Staatsrath wurde. Im Jahre 1792 übernahm er für Aranda die Leitung der Geschäfte. Am 11. September 1795 erhielt er dann noch den Titel eines Friedensfürsten[1]). Mit Hilfe der Königin beherrschte er den König, dem er bald ein unentbehrlicher Liebling wurde. „Amigo Manuel" spricht ihn der König in seinen Briefen an.

Bevor ich daran gehe über diesen Mann als Staatsmann mein eigenes Urtheil abzugeben, möchte ich noch die Ansichten mehrerer Personen anführen, die ihn persönlich kannten und mit ihm verkehrten.

Da ist zunächst Lucian Bonaparte zu nennen. Er sagte, kein Mensch in Spanien scheine ihm im vertraulichen Verkehre angenehmer als der Friedensfürst. Er nennt ihn seinen lieben Manuel[2]). — Diese Neigung Lucians für den Friedensfürsten mag recht begründet gewesen sein. Es ist nicht ganz unmöglich, dass sie zu den von Lucian in Spanien gesammelten Reichthümern in einem gewissen Verhältnisse steht.

Mr. Hookham Frere gibt in seinem schon mehrfach citierten Briefe vom 22. December 1802 ein Bild vom Friedensfürsten, das viel unparteiischer zu sein scheint als das Lucians. „Argwohn

---

[1]) Lafuente, a. a. O. XV. 200 ff. und 224.
[2]) Th. Jung, Lucien Bonaparte II, Seite 29 ff.

und Misstrauen sind, wie ich unterrichtet wurde, die charakteristischen Eigenschaften dieses Mannes."…. Seine Eitelkeit sei ein Mittel ihn zu beherrschen…. „Vorausgesetzt," heißt es an einer anderen Stelle dieses Briefes, „diese Eifersucht und Antipathie [1] hätten ihre volle Wirkung, und die Eifersucht und das Misstrauen nach der anderen Seite [2]) würde überwältigt werden, so hätte der Friedensfürst noch die Intriguen und den Einfluss der Königin zu bekämpfen, die den Gedanken fürchten würde, ihn mit einer solchen Autorität bekleidet zu sehen, wie sie nöthig wäre, um kräftige und wirksame Maßnahmen zur Ausführung zu bringen, aus wohlbegründeter Angst, dass die Ausübung dieser Autorität in kurzer Zeit gegen sie gerichtet sein würde. Sofern ich ein Urtheil wagen kann, ist es am wahrscheinlichsten, dass dies das Hindernis ist, welches sich einem Projecte der Freimachung Spaniens gefahrbringend erweist. Außerdem muss der Leichtsinn des Friedensfürsten in Betracht gezogen werden und die Möglichkeit, dass er einmal in einem Augenblicke der Eitelkeit oder des Grolles das wichtigste Geheimnis entwischen lässt"…. [3])

Auf den ersten Adjutanten des Kaisers Napoleon I., Junot, machte der Friedensfürst einen sehr günstigen Eindruck. Auch meinte er, dass ein Mensch gewöhnlicher Herkunft die Kluft zwischen seiner niedrigen Geburt und der erlangten Macht mit Hilfe seiner großen Talente ausgefüllt haben müsse [4]). — Und die Gemahlin Junots schreibt in ihren Memoiren: „Es wäre ein Irrthum zu glauben…., dass der Friedensfürst überhaupt kein Talent besessen habe. Er hat eine rasche Auffassung, er arbeitet leicht, eine seltene Eigenschaft bei den Spaniern, welche beim Handeln träge sind. Er hat manche gesunde Ideen und oft ein rechtes Urtheil. Ohne Zweifel hätten diese Eigenschaften aus ihm einen guten Minister machen müssen; aber Gott hat es nicht für passend gehalten, dass es so werde, und die Resultate seines Ministeriums kosten Spanien heute noch Thränen."

[1] Gegen Napoleon.
[2] Gegen England.
[3] Young. Life of Lord Liverpool I, Seite 87 ff.
[4] Mémoires de Madame la Duchesse D'Abrantès (Paris 1832 bei Ladvocat) VII. Seite 360.

„Gleichwohl ist er kein Bösewicht. Seine Absichten waren gut, sowohl als Minister wie als Spanier. Mehrere Künstler wurden von ihm aus der Vergessenheit, in welcher sie ihr Unglück versetzt hatte, gezogen und angeeifert. Über seine Befehle wurden Reisen von Leuten unternommen, die fähig waren, in ihrem Vaterlande über die Lehren der Wissenschaften und der Industrie zu berichten. Er ließ Brücken und Straßen bauen. Er wagte es, der Inquisition die Spitze zu bieten; und in diesem Ringen, vielleicht dem ernstesten, das vom Throne gegen diese Partei geliefert wurde, blieb der Sieg bei der weltlichen Macht." [1])

Ich möchte schließlich noch die Worte des Baron de Barante anführen, der allerdings nicht Gelegenheit hatte, den Friedensfürsten näher kennen zu lernen. Er kam am 27. Juli 1806 im Auftrage Napoleons in Madrid an; der Friedensfürst hatte mehrere Unterredungen mit ihm. Er schreibt[2]): „Seine Sprache war leicht, vertraulich, voll Prahlerei, ein wenig freimüthig, beinahe indiscret" . . . . . .
„Ich brauchte nur zu hören, ohne etwas einzuwenden oder zu erwidern. Es kam ihm vor allem darauf an, sich als unbeschränkten Herrn von Spanien zu zeigen. Ich bewunderte seine Anmaßung, welche mir als eine Art Kühnheit und Machtgefühl erschien, ohne Zweifel die Hauptursache seiner Erfolge. Ich kam nach Madrid zurück, um von ihm Urlaub zu nehmen an dem Tage, als er Audienz gewährte, stolz bis zur Unverschämtheit mit den Granden von Spanien, artig mit den Leuten aus dem Volke. Kurz — ohne in ihm einen großen Minister oder einen gewandten Politiker zu erkennen

---

[1]) Mémoires de Madame la Duchesse D'Abrantès VIII. Seite 31. Die Aussage der Herzogin von Abrantes steht mit den Worten Napoleons in seinem Schreiben an Lucian vom 9. April 1801 bezüglich der Inquisition im Widerspruch. Es ist hier zu bemerken, dass der Friedensfürst während seines ersten Ministeriums keineswegs clericalen Ansichten huldigte. Da aber sein Nachfolger, Urquijo, in seinen freisinnigen Bestrebungen soweit gieng, dass er die spanische Kirche von Rom unabhängig machen wollte, stellte sich der Friedensfürst auf die Seite der clericalen Partei, als er wieder die Leitung des Staates zu gewinnen suchte, und dürfte dieser Strömung eine Weile gefolgt sein. — Vergl. Theodor v. Bernhardi, Napoléons I. Politik in Spanien. Seite 479—484. Die Inquisitionsprocesse wurden vom Justizminister Caballero wieder ins Leben gerufen (Lafuente XVI. Seite 3).

[2]) Souvenirs du Baron de Barante, publiés par son petit fils Claude de Barante. Paris, Calmann Lévy 1890. I. Seite 172.

— erklärte ich mir sein Glück nicht als Staatsmann, sondern als Emporkömmling."

Aus diesen verschiedenen Urtheilen geht hervor, dass es den Zeitgenossen des Friedensfürsten keineswegs leicht wurde, sich ein klares Bild über diesen Mann zu machen. Indem ich nun diese zum Theile widersprechenden Berichte und seine Thätigkeit in Betracht ziehe, glaube ich Folgendes hervorheben zu sollen: Die glänzende Laufbahn entwickelte in dem Friedensfürsten einen für viele Personen unerträglichen Hochmuth, den er besonders den Granden fühlen liess, und der ihn dazu verleitete, seine Macht jedermann vor Augen zu stellen; so zog er sich viele Feinde zu, die jede Gelegenheit wahrnahmen ihn zu stürzen, was ihn sehr misstraurisch machte. Im Verkehre mit fremden Diplomaten dagegen scheint er im allgemeinen von ungewöhnlicher Liebenswürdigkeit gewesen zu sein. Dennoch war es für dieselben oft nicht leicht mit ihm zu verkehren, besonders wenn es sich um heiklere Dinge handelte. Denn einerseits war sein Stolz leicht verletzt, anderseits nahm er die Dinge manchmal zu leicht. Eines oder das andere, oder vielleicht beides verursachte bei ihm einen Fehler, der alle diplomatischen Verhandlungen hemmen musste: Er war indiscret. Über seine Indiscretion wird zu wiederholtenmalen geklagt [1]).

An Klugheit scheint es ihm nicht gemangelt zu haben [2]). Und soweit ich die Dinge verfolgen konnte, hat er in den späteren

---

[1]) Das diesbezügliche Urtheil Freres wurde bereits auf Seite 130 mitgetheilt. Einen schweren Verstoß gegen die Discretion begieng der Friedensfürst zu Beginn des Jahres 1804. Er theilte nämlich dem Gesandten Beurnonville die Bedingungen mit, unter welchen England die Neutralität Spaniens anerkennen wollte. Sie waren ihm von Frere in zwei stürmischen Unterredungen bekannt gegeben worden. Es kam infolge dieser Indiscretion zu heftigen Auseinandersetzungen, wobei die hervorragendsten Mitglieder des diplomatischen Corps die Partei des Vertreters Englands ergriffen: „Der Verkehr mit einem Staatsmanne, der vertrauliche Mittheilungen denen berichtete, die den Gegenstand derselben bildeten, war nicht mehr zuverlässig." (Geoffroy. L'Ambassade française. Seite 276 ff.). — Der österreichische Geschäftsträger Gennotte schreibt in seinem Bericht Nr. 16 (Madrid, 9. October 1806) an Stadion über den Friedensfürsten: ....le Prince, qui rarement est discret"....Spanien, Corresp. 172 B/2 im Wiener Haus-, Hof- und Staatsarchive.

[2]) Talleyrand drückt dies etwas sonderbar aus. Er schreibt am 5. August 1803 an Napoleon: „...Le Prince de la Paix peut être malveillant mais il n'est pas fou." Lettres inédites de Talleyrand à Napoléon No. XXXIII.

Jahren darnach gestrebt, das Interesse Spaniens nach außen zu wahren, soweit es gieng. Dass aber seine Regierung für Spanien mit solch traurigen Folgen verbunden war, das hatte wohl hauptsächlich in der fehlerhaften Politik, die er in den ersten Jahren seiner Regierung getrieben hatte, seinen Grund. Der äußerst kostspielige Krieg mit England führte eine vollständige Zerrüttung der Finanzen und die traurigen Zustände im Innern des Landes herbei und untergrub in Verbindung mit dem höchst anstößigen Privatleben des Friedensfürsten sein Ansehen auch beim Volke. Aber nach dem Abschlusse des Vertrages von San Ildefonso schien Spanien der Macht Frankreichs fast ebenso wehrlos ausgeliefert zu sein, wie etwa die batavische Republik. Es gab meiner Ansicht nach nur einen Zeitpunkt, wo Spanien gegen seinen Alliierten mit Aussicht auf Erfolg hätte ankämpfen können. Es war die Zeit, als die Republik durch die zweite Coalition aufs ärgste bedrängt wurde. Aber damals lenkte nicht der Friedensfürst den Staat, und es ist überhaupt kaum denkbar, dass der König sich hätte entschließen können, an seinem Verbündeten offenen Verrath zu üben. Allerdings hat das spanische Volk im Jahre 1808 gegen ein viel mächtigeres Frankreich unter viel ungünstigeren Verhältnissen erfolgreich gekämpft. Ich weiß aber nicht, ob die spanische Regierung vor dem Jahre 1808 die ungeheuere Kraft, welche in dem spanischen Volke wohnte, so gut kannte, wie manche Vertreter fremder Mächte am Madrider Hofe[1]. Aber selbst wenn man sie kannte, so schien es, da

---

[1] Frere schreibt am 22. December 1802: „....Dieser Schritt" (nämlich die Sendung einer geheimen und vertraulichen Gesandtschaft nach Wien) „ist ebenso wünschenswert, wie die Sendung nach London, da es klar ist, dass Spanien, wenn es dazu bewogen würde, seinen Verbündeten zu bekämpfen, sich nur in sein Verderben stürzen würde, selbst wenn es Groß-Britannien mit allen Kräften unterstützte, weil die Regierung nicht den Muth haben würde, die ersten Rückschläge, auf welche man natürlich gefasst sein müsste, zu ertragen, und nicht einsehen würde, dass Spanien durch den nationalen Geist, der in dem Lande herrscht, durch die Antipathie gegen Frankreich und die Kampfeslust des Volkes, sowie durch verschiedene locale Vortheile wirklich ein Land ist, das niemals erobert werden kann, ausser durch die Schwäche und Nachlässigkeit seiner Regierung. Sie würden wahrscheinlich am Schlusse des ersten Feldzuges einen Frieden schließen, der das Land als eine Beute in den Händen Frankreichs lassen würde."...Herr Frere mag recht haben, wenn er sagt, es fehlte der spanischen Regierung an Muth gegen Frankreich zu kämpfen. Aber ihr zuzumuthen, einen Volkskrieg zu beginnen, das gieng zu weit. Ein Volks-

die Neutralität nicht zu halten war, doch rathsamer, nochmals einen Versuch zu machen, den Seekrieg gegen England glücklich zu Ende zu führen, als einen Kampf gegen das übermächtige Frankreich zu wagen, weil die spanische Marine damals jedenfalls viel tüchtiger als das Landheer war. Als aber dieser Versuch fast mit der Vernichtung der spanischen Marine endete und somit der weitere Kampf gegen England aussichtslos erschien, während auf dem Continente dem Kaiser Napoleon in Preußen ein Feind erstand, dessen Heer damals in einem großen Theile Europas als das beste angesehen wurde, da schien ein neuer Versuch, eine neutrale Stellung zu erlangen, nicht erfolglos zu sein. Als aber auch dieses Unternehmen scheiterte, musste Spanien jedes selbständige Programm aufgeben. Das, glaube ich, sind die großen Gesichtspunkte, von denen aus die Politik des Friedensfürsten in den Jahren 1805—1807 zu betrachten ist. Sie im einzelnen zu verfolgen, ist meine Absicht.

Bei dem großen Einfluss, den Napoleon auf die Politik Spaniens ausübte, ist es wichtig, die Frage zu beantworten, wie das Verhältnis desselben zum Friedensfürsten sich gestaltete. Dass Napoleon diesen Mann verachtete, wurde bereits erwähnt. Frere berichtet anderseits, dass dem Friedensfürsten die Berühmtheit Napoleons unerträglich wurde[1]).

Obwohl also diese beiden Machthaber keineswegs günstig von einander dachten, traten sie doch, wenn sie gleiche Zwecke verfolgten, in den intimsten schriftlichen Verkehr, sagten sich die ausgesuchtesten Höflichkeiten und vereinigten sich zur Ausführung gemeinsamer Pläne. Während also Napoleon früher die Absetzung

---

krieg erfordert, selbst wenn er von Erfolg begleitet ist, solch unsägliche Opfer an Menschen und Gütern, dass jede halbwegs wohlwollende Regierung trachten muss, ihn zu vermeiden, wenn ihr andere Auswege offen stehen. — Auch Beurnonville macht seine Regierung in einem Briefe vom 3. Vendémiaire des Jahres XII (25. September 1803) auf die Widerstandskraft des spanischen Volkes aufmerksam: „Wenn die Spanier merkten, dass wir Feinde ihrer politischen Existenz, als Nation, seien, oder dass wir ihres Eigenthums begehren, dann würden sie uns große Hindernisse bereiten, und vielleicht würde der Widerstand, den sie zu leisten imstande sind, uns von der Absicht, in der wir ursprünglich in ihr Gebiet einrücken würden, ablenken". Geoffroy, L'Ambassade française en Espagne. Seite 275.

[1] Brief Hookham Freres vom 22. December 1802.

des Friedensfürsten verlangt hatte, brachte der gemeinsame Krieg
gegen England eine Annäherung. Diese verwandelte sich aber in
eine förmliche Interessengemeinschaft infolge der Vorgänge am
spanischen Hofe. Dabei spielte der Prinz von Asturien eine hervorragende Rolle¹).

Schon in jungen Jahren scheint Ferdinand, Prinz von Asturien,
die Liebe seiner Mutter nicht besessen zu haben. Sein und seiner
Brüder Leben war ein höchst trauriges, es glich einer Gefangenschaft²). Seine Erziehung war dem Canonicus Esquoiquiz anvertraut worden. Derselbe stand anfangs in guten Beziehungen zum
Friedensfürsten. Nach dessen Rücktritt im Jahre 1798 meinte er
selbst eine einflussreiche Stelle erlangen zu können. Er trat an den
König mit dem Ansinnen heran, den jungen Kronprinzen am Staatsrathe theilnehmen zu lassen. Dafür wurde er seines Postens enthoben und erhielt die Würde eines Archidiacons von Alcaraz. Aber
dadurch verlor er nicht seinen Einfluss auf den Prinzen. Überzeugt,
er sei durch den Friedensfürsten gestürzt worden, lenkte er den
Hass seines Zöglings vorzüglich gegen diesen. Im Jahre 1801 nun
soll der König, in Lebensgefahr schwebend, ein Testament aufgesetzt haben, wonach die Königin und der Friedensfürst solange die
Regentschaft für Ferdinand führen sollten, bis dieser imstande wäre,
die Regierung selbständig zu führen³). Der erste Consul, mit dem
Friedensfürsten damals arg verfeindet, nahm sich der Sache des
17jährigen Prinzen an. Am 1. December 1801 beauftragte er Talleyrand an Gouvion Saint-Cyr folgende Weisungen ergehen zu lassen:
Derselbe hat den Hof des Kronprinzen häufig zu besuchen, falls der
König plötzlich stürbe, öffentlich zu erklären, dass Frankreich nur
den Kronprinzen als König von Spanien anerkenne und zu trachten,

---

¹) Die folgenden Daten über den Prinzen von Asturien wurden hauptsächlich aus Lafuente, a. a. O. XVI. Seite 157 ff. geschöpft.

²) Siehe Souvenirs du Baron de Barante I. Seite 170. — Gennotte
schreibt am 16. October 1806 (in Chiffern):....„le Prince des Asturies parut à
quelquesuns de mes Collegues plus intérieurement agité et inquiété que
de coutume; ils attribuerent son Etat à l'espéce d'esclavage dans lequel on
le retient plus que jamais, aux appréhensions et aux craintes auxquelles le
livre le sentiment qu'il a de sa Situation); déjà depuis quelque temps il a double
Garde."...Gennotte an Stadion, Bericht Nr. 17 im Haus-, Hof- und Staatsarchive
(H. H. St. A.): Spanien, Corresp. 172. B/2.

³) Lafuente a. a. O. XVI. 12.

mit demselben eine geheime Correspondenz zu unterhalten[1]). Das trug jedenfalls nicht dazu bei, das Verhältnis des Kronprinzen zum Friedensfürsten zu verbessern.

Im Juli 1802 fand dann die Vermählung des Prinzen von Asturien mit Maria Antonia von Neapel statt. Die neapolitanische Prinzessin, eine sehr gebildete Dame[2]), gewann bald großen Einfluss auf ihren Gemahl. Bereits am 14. März 1803 (23 ventôse an XI) schreibt Beurnonville an Talleyrand, die junge Prinzessin von Asturien habe, wie er erfahren habe, einige Versuche gemacht, Einfluss auf den Hof zu gewinnen..... „Es ist sicher, dass jeder Schritt, den die junge neapolitanische Prinzessin unternimmt, ihr gegenwärtig von der Königin, ihrer Mutter, vorgeschrieben ist, und es ist nicht gleichgiltig zu wissen, von welchem Geiste in der Folge eine Infantin wird beseelt sein können, welche berufen ist, eines Tages Königin von Spanien zu werden, und die von nun an durch die Rathschläge des Hofes von Sicilien geleitet wird."[3]). Um den Prinzen von Asturien scharte sich nun alles, was mit dem Friedensfürsten und dem französischen Einfluss unzufrieden war. So lange Spanien eine neutrale Stellung behauptete, scheinen die Angriffe gegen den Friedensfürsten nicht so heftig gewesen zu sein. Doch wies Ferdinand eine Versöhnung mit demselben zurück[4]). Als aber der Krieg mit England wieder ausbrach, da fühlte sich nicht nur der Friedensfürst durch die Partei des Prinzen bedroht, als deren Leiter der Canonicus Escoiquiz und die neapolitanische Prinzessin galten, sondern auch Napoleon befürchtete eine Störung seiner Politik durch dieselbe. Zur Bekämpfung dieser Partei verbanden sich die beiden Männer. Es entwickelte sich ein lebhafter Austausch der Meinungen, der nicht durch die Gesandten vermittelt wurde; der Friedensfürst hatte zu diesem Zwecke vielmehr einen eigenen Agenten in Paris, den

---

[1]) Napoléon I Correspondance VII. No. 5885.

[2]) Siehe Mémoires de Madame la Duchesse d'Abrantès VIII. Seite 27 und 64 ff. Da ihre Mutter, die Königin von Neapel, eine Tochter Maria Theresias und somit eine Tante des Kaisers Franz war, und mit Österreich und England in Verbindung stand, so fürchtete man in Frankreich, die Prinzessin werde den spanischen Hof für die Sache Österreichs zu gewinnen trachten. Vergleiche Seite 32f.

[3]) Geoffroy. L'Ambassade française. Seite 240. Anmerkung 3.

[4]) Geoffroy. L'Ambassade française. Seite 240 ff.

Naturhistoriker Eugenio Izquierdo[1]), der auch bald die meisten anderen politischen Geschäfte zu führen hatte, während der beglaubigte Gesandte Spaniens völlig in den Hintergrund trat. Mit Izquierdo hatte zunächst Lacépède[2]) zu unterhandeln, dem Napoleon folgende bündige Instruction gab: „N'écrivez, ni ne signez rien, mais dictez." Am 30. Jänner 1805 wird Lacépède von Napoleon beauftragt, dem Agenten des Friedensfürsten zu sagen, sein Herr, der jedenfalls zu erkennen gegeben hatte, dass er sich durch die Partei des Prinzen von Asturien sehr beängstigt fühle, möge Muth fassen. Er könne dem General Junot, den Napoleon zum Gesandten in Portugal ernannt habe, alle seine Schmerzen über innere und äußere Angelegenheiten so mittheilen, wie wenn er sie ihm, dem Kaiser selbst, vortrüge; die Königin von Neapel, welche dem Kaiser einen Brief sandte, habe die beigeschlossene Antwort erhalten, welche nur für den Friedensfürsten bestimmt sei; er werde daraus ersehen, wie unwillig der

---

[1]) Eine merkwürdige Figur. Lafuente schreibt über ihn Folgendes (a. a. O. XVI, Seite 91, Anmerkung 1): „Izquierdo war Director des naturhistorischen Cabinetes gewesen. Infolge seines Talentes und seiner Kenntnisse, vornehmlich in den Naturwissenschaften, hatte er Verbindungen mit den Gelehrten verschiedener auswärtiger Höfe und der vornehmen Gesellschaft von Paris und genoss deren Achtung. Er besass außerdem eine vortreffliche Anlage für politische Geschäfte, und, da er scharfsinnig genug war und nicht durch Förmlichkeiten und die diplomatische Etiquette gebunden wurde, führte er sich überall ein und erlangte eine Fertigkeit, alles zu erfahren und sich frei zu bewegen, welche für einen Gesandten unschicklich gewesen wäre. Er diente den Absichten des Friedensfürsten. Merkwürdig war es, dass Napoleon und seine Minister sich mit ihm verständigten, wie wenn er der wahre Vertreter Spaniens gewesen wäre." Interessant ist es auch das Urtheil der Herzogin von Abrantes zu hören, die ihn persönlich kannte (Memoires VIII. Seite 22 ff.): „Es war in Paris ein Spanier von wildem Aussehen und nicht viel schönerer Seele, der in die Bureaux für die auswärtigen Angelegenheiten gekommen war, um zu botanisieren, oder vielmehr um unter unseren Metallen Umschau zu halten, und der immer in Naturgeschichte arbeitend, daraus eine schreckliche Geschichte für Spanien machte. Dieser Mann, der seinem Vaterlande Verderben brachte, sei es, dass er ein Verräther war, sei es, dass er dumm war, als er das Schicksal der Halbinsel in seiner Hand hatte, sei es, dass er erkauft, sei es, dass er verrathen war, ist Don Eugenio Izquierdo. Er befand sich wohl auf dem gekrümmten Wege, den er immer einhielt aus Dummheit oder aus Spitzbüberei. Aber ich kann durch ein Beispiel bestätigen, dass er sehr geistreich war. Oh! wie viel Böses hat dieser Mensch Spanien zugefügt!"

[2]) Der berühmte Naturhistoriker, allem Anscheine nach.

Kaiser gegen diese Fürstin sei, und dass er sie gut kenne. Dann verlangt der Kaiser, dass Spanien sich Geld zu verschaffen trachte, um seine Flotte in besten Stand zu setzen. Er habe Grund, viel vom Eifer des Friedensfürsten zu hoffen, und dieser könne in zwei oder drei Monaten den Schutz, die Unterstützung und Achtung des Kaisers erwerben oder sich in dessen Augen völlig herabsetzen [1]. Schon am 19. Februar 1805 spricht Napoleon den Friedensfürsten mit „mon Cousin" an und stellt ihm die bevorstehende Ankunft Junots in Aussicht [2]. Dem General Junot gab der Kaiser für die Unterhandlungen mit dem Friedensfürsten folgende Weisungen [3]: „Sie werden den Friedensfürsten öfter sehen; sagen Sie ihm, dass ich mit Vergnügen bemerkt habe, dass er Energie zeige, dass ich glaube, dass er guten Willen habe; ich sei von all' den Vorurtheilen, die man mir gegen ihn einflößen wollte, abgekommen und sehe, dass er mehr Energie besitze, wie die Übrigen am Hofe und unter den Granden; ich werde ihm mit meiner ganzen Autorität beistehen und helfen."...... „Sie werden ihm sagen, dass ich mit Vergnügen die Verhandlungen des Herrn Lacépède mit seinem Agenten in Paris sehe, und dass ich Sie beauftragt habe, alles anzuhören, was er mir zu sagen habe, sei es im persönlichen Interesse, sei es im Interesse Spaniens." — „Sie werden ihm zu verstehen geben, dass, wenn alles so geht, wie ich Grund habe zu hoffen, und eine vollständige Übereinstimmung unter uns herrscht, er immer auf meine Unterstützung rechnen könne, und dass er, wenn er die Absicht fasste, nach Paris zu kommen, hier viele Aufmerksamkeit genießen werde; dass ich Sie beauftragt habe, obwohl Sie in Lissabon sein werden, mir das zu übermitteln, was mir mitzutheilen ist, und was nicht durch die Hände meines Ministers Beurnonville gehen könnte, der sich für alle allgemeinen Angelegenheiten meines Vertrauens erfreut, es aber für die intimeren Angelegenheiten nicht besitzt. Sie werden alle seine Mittheilungen hören, von welcher Beschaffenheit sie auch sein mögen; Sie werden alles

---

[1] Napoleon I. Correspondance X. No. 8299. Diese Note enthält auch die oben angeführten Worte: „N'écrivez....etc."

[2] Napoleon I. Correspondance X. No. 8337.

[3] Napoleon I. Correspondance X, No. 8350 (Au Général Junot. La Malmaison, 4 ventôse an XIII [23. février 1805]). Die auf Portugal und die Rüstungen gegen England bezüglichen Stellen werden in einem anderen Zusamhange gebracht werden.

aufschreiben und mir von allem Rechenschaft geben."—"Wenn alles eingeleitet ist, und Sie in der vierten oder fünften Conferenz vertraulich zu werden beginnen, werden Sie unvermerkt einiges über das zukünftige Schicksal Spaniens einschieben, und werden ihm merken lassen, wie sehr der Einfluss der Tochter der Österreicherin aus Neapel dem Interesse Spaniens zuwider sein würde, wenn der König von Spanien stürbe."

Junot bekleidete also in Spanien eine ähnliche Stelle, wie im Herbste 1803 Herr Herrman[1]). Diesmal jedoch war es nicht bloß eine Verletzung für Beurnonville, sondern auch für Talleyrand, denn Junot durfte nur mit dem Kaiser correspondieren[2]). Die Conferenzen mit dem Friedensfürsten wurden gleich nach der Ankunft Junots in Madrid, welche im März 1805 erfolgte, in Angriff genommen und scheinen ganz nach Wunsch von statten gegangen zu sein. Denn Junot war ganz entzückt vom Friedensfürsten[3]).

Junot verließ übrigens schon am 29. März Madrid, um nach Lissabon zu reisen. Es ist mir nicht bekannt, was er mit dem Friedensfürsten bezüglich der Prinzessin von Asturien verabredete. In der Correspondenz zwischen dem Kaiser und Godoy ist noch öfter von ihr die Rede. Am 28. Mai 1805 gab der Kaiser Herrn Lacépède den Befehl dem Friedensfürsten die Copie eines Briefes der Prinzessin von Asturien an ihre Mutter zu übermitteln. „Sie schreibt ihr gelegentlich der Krankheit des Königs, dass der Friedensfürst in der ersten halben Stunde nach dem Tode des Königs verhaftet sein würde, Sie und ihr Gemahl seien dazu entschlossen"[4]). Am 28. Juni

---

[1]) Siehe Seite 38 ff.

[2]) Madame Junot schreibt (Mémoires de M. la D. d'Abrantès VIII, Seite 22): „J'ai déjà parlé de la manie, car cela ne peut s'appeler autrement, qu'avait l'empereur de donner des missions avec des doubles instructions. Junot en avait reçut de lui-même, et avait l'ordre de ne correspondre qu'avec lui pour tout ce qui regardait quelques articles qu'il avait désignés. Je ne sais si M. de Talleyrand s'en apercevait; sans doute que oui. Un esprit aussi délié, aussi attentif à saisir au passage ce qui pouvait l'intéresser, n'avait certes pas laissé échapper cette preuve, sinon de défiance de l'empereur, au moins de grande prudence."

[3]) „Junot avait eu les conférences qui lui avaient été ordonnées avec le prince de la Paix, et il en était enchanté." Mémoires de Madame la Duchesse d'Abrantès VIII, Seite 80.

[4]) Napoléon I. Correspondance X. No. 8805.

1805 schreibt Napoleon: „Wird die Dummheit, welche man begieng, indem man eine Prinzessin von Neapel nach Spanien gelangen ließ, die, wie es scheint, Spanien eines Tages willkürlich beherrschen wird, nicht wieder gut zu machen sein?" [1]) In einem Briefe des Friedensfürsten an Izquierdo vom 14. Juli 1805 heißt es: „Das Vertrauen, womit ich dem Kaiser über die Feindschaft der Prinzessin erwiderte, hat einen guten Ausdruck gefunden; alles geht nach Wunsch und wie ich es mir von Ihrem Talente versprach" [2]).

Nun setzt diese Correspondenz eine Zeit lang aus, bis der Friedensfürst den Kaiser zu seinen im Feldzuge des Jahres 1805 erlangten Triumphen folgendermaßen beglückwünscht: „Majestät! Die Erfolge, welche heute die Welt in Erstaunen setzen, erhöhen nicht den Begriff, den ich mir von den kriegerischen Entwürfen Euerer kaiserlichen und königlichen Majestät gebildet habe. Ihre Feinde — was sage ich — die Feinde des Continentes sind verschwunden; es gibt keine furchtbaren Mächte mehr: Meine Gebete sind erfüllt worden: Die Thaten Alexanders, Caesars, Karls des Großen haben sich in gewöhnliche historische Ereignisse verwandelt; die Geschichte wird nichts so großes aufzuführen haben, als die Thaten Euerer Majestät. Es bleibt mir nichts zu wünschen übrig, als die Vernichtung der englischen Macht. Euere kaiserliche und königliche Majestät wünschen dies aus ganzem Herzen und werden Erfolg haben, da ich sehe, dass jeder Erfolg in Ihrer Macht liegt. Majestät, ich würde mich nicht erkühnt haben, meinen Wunsch, eine Gelegenheit zu finden, um Sie zu Ihren Siegen zu beglückwünschen, in Erfüllung zu bringen, als bis die Euerer Majestät bekannte Person nach Paris zurückgekehrt wäre, die dann als Vermittler dienen kann, als welcher sie sich bisher geeignet erwiesen hat: Aber ein Ereignis von höchster Bedeutung, das ich Euerer Majestät nicht verheimlichen kann, weil es Bezug hat oder Bezug haben könnte zu anderen, welche damit beabsichtigt sind, legt mir die Pflicht auf, meine ehrfurchtsvollen Glückwünsche und meine Huldigung darzubringen." Er geht nun daran, ein Complott von höchstem Ernste zu schildern, das, wie er sagt, von der Königin von Neapel und der

---

[1]) Lafuente a. a. O. XVI. Seite 100, Anmerkung 3.

[2]) Lafuente a. a. O., Seite 100: „Está bien expresada la confianza con que respondé al emperador sobre la enemistad de la princesa; todo está segun deseaba, y cual me prometia del talento de V...."

Prinzessin von Asturien, ihrer Tochter, angezettelt wurde, ein Complott, welches täglich das Leben seiner Herrscher und sein eigenes gefährde, das aber glücklicherweise durch die Klugheit der Königin entdeckt worden sei. Er schließt mit dem Satze, dass er dieses Geheimnis nur einer einzigen Person auf der Welt, dem großen Napoleon, anvertraue, der ihm versprochen habe, ihn gegen alle seine Feinde im In- und Auslande zu vertheidigen [1]).

Über die Art des Complottes macht Lafuente keine Mittheilung. Madame Junot, welche die Prinzessin hochachtete und ihr Schicksal bedauerte, theilt das Gerücht mit, welches diesbezüglich in Madrid circulierte. Ein Brief, in welchem die Königin von Sicilien ihre Tochter aufforderte, sich ihrer Feinde zu entledigen, habe die Vergiftung der Prinzessin veranlasst [2]). Lafuente dagegen weist das Gerücht von der Vergiftung entschieden zurück und behauptet, die Prinzessin sei an der Schwindsucht (maligna tisis) gestorben [3]).

Der Tod der Prinzessin erfolgte am 26. Mai 1806. Ihr Gemahl gerieth darüber in solche Verzweiflung, dass er sich das Leben nehmen wollte. Damit war für Napoleon und den Friedensfürsten eine Sorge verschwunden.

---

[1]) Lafuente, a. a. O. XVI, Seite 68 und 97.
[2]) Memoires de la Duchesse d'Abrantès VIII, Seite 391—393.
[3]) Lafuente, a. a. O. XVI, Seite 161 f.

§. 4. Das Project einer Theilung Portugals.

Nachdem der Krieg mit England im Jahre 1803 neuerdings ausgebrochen war, wandte der erste Consul dem portugiesischen Staate sein Augenmerk ebenso zu, wie im ersten Krieg mit England. Der Prinzregent von Portugal hatte zwar in einem Decrete vom 3. Juni 1803 erklärt, die stricteste Neutralität beobachten zu wollen [1]. Doch scheint man in Frankreich von dem Verhalten Portugals nicht befriedigt gewesen zu sein. Denn der erste Consul verlangte von Spanien, dass es zwei Armeen ausrüste, eine um Gibraltar anzugreifen, die andere, um gegen Portugal zu ziehen. Zwei französische Corps, jedes zu 16.000 Mann, sollten mit den spanischen Streitkräften operieren [2]. Nachdem dann der Neutralitätsvertrag mit Spanien geschlossen war, kam auch ein solcher mit Portugal zustande, dem zufolge diesem Staate gegen die Zahlung von 1,000.000 Francs per Monat erlaubt wurde, neutral zu bleiben. Spanien hatte die Garantie übernommen. Durch diesen Vertrag erwuchsen Frankreich natürlich bedeutende pecuniäre Vortheile, wenn man annimmt, dass er von Portugal gewissenhaft gehalten wurde. Sicher ist, dass Spanien mit der Zahlung seiner Subsidien recht saumselig war. Vielleicht erwartete man in Frankreich von Seiten Portugals nichts besseres. Und so scheint der Subsidienvertrag mit diesem Staate in einen für Frankreich sehr günstigen Handelsvertrag umgewandelt worden zu sein. Wenigstens schreibt der erste Consul am 16. April 1804 an General Lannes, den damaligen Vertreter Frankreichs in Lissabon, von dem Talleyrand rühmt, er habe den Prinzregenten gegen die Aufreizungen Spaniens und Englands

---

[1] George Fréderic de Martens: Supplement au Recueil des principaux Traités, Tome III à Gottingue 1807, chez H. Dietrich, Seite 536.

[2] Napoléon I. Correspondance VIII. No. 7008.

geschützt [1]): „Herr General Lannes, Bevollmächtigter der Republik in Lissabon, ich bin mit dem Vertrage zufrieden, welchen Sie geschlossen haben. Wir verlieren hiebei beträchtliche Summen, da sich Spanien verpflichtet hat, uns von Portugal Subsidien für die ganze Dauer des Krieges zu verschaffen; aber dies scheint durch die Vortheile aufgewogen, welche unser Handel dadurch erlangt, und alle Opfer, welche zum Nutzen unseres Handels gebracht werden, sind immer nach meinem Geschmacke und im öffentlichen Interesse" [2]). Als es dann zum Bruche zwischen Spanien und England kam, lud Napoleon den Prinzregenten ein mit ihm und dem Könige von Spanien gemeinsame Sache zu machen. In dem Briefe, welcher in den gewähltesten Ausdrücken abgefasst ist [3]), heißt es unter anderem: „Ich habe also meinem Gesandten befohlen, Euere königliche Hoheit zu bitten, mit mir und dem Könige von Spanien gemeinsame Sache zu machen, damit das Gleichgewicht zur See ein wenig aufrecht erhalten und dieser ehrgeizigen und hochmüthigen Regierung gemäßigte Ideen beigebracht werden." — Spanien schloss nun allerdings am 4. Jänner 1805 mit Frankreich folgende Übereinkunft: Spanien hat in Ferrol, Cadiz und Cartagena ausgerüstete Flottendivisionen und in den beiden erstgenannten Häfen auch Truppen zur Einschiffung bereit zu halten. Der König von Spanien und der Kaiser versprechen, nach und nach ihre ganze Flotte auszurüsten und zu ergänzen. Napoleon garantiert die Unverletzlichkeit des spanischen Gebietes und die Rückerstattung der Colonien, welche in diesem Kriege etwa gewonnen würden. Der Kaiser verspricht auch, bei günstigem Ausgange sein möglichstes zu thun, um dem Könige Trinidad und einen Ersatz für die vor der Kriegserklärung

---

[1] „Vous trouverez ici une lettre du général Lannes, Il est extrêmement bien traité par le prince. Il l'a préservé des instigations des l'Espagne et de l'Angleterre . . ." — Lettres inédites de Talleyrand à Napoléon, LI, 16 brumaire an XII (8 novembre 1803).

[2] Napoléon I. Correspondance IX. No. 7689. — Siehe Seite 15.

[3] Napoléon I. Correspondance X. No. 8208 (Paris, 21 frimaire an XIII = 12. December 1804). Der Brief schließt mit den Worten: „Sur ce je prie Dieu, Sérénissime et très-cher et très-amé bon Frère et Cousin allié et confédéré, qu'il vous ait en sa sainte et digne garde." — „Votre bon frère et cousin, allié et confédéré Napoléon.

gekaperten Schiffe zu verschaffen. Man verpflichtete sich auch gegenseitig, keinen Separatfrieden mit England zu schließen¹).

In Portugal dagegen hatte der Brief vom 12. December nicht den gewünschten Erfolg. Daher schrieb der Kaiser am 12. Jänner 1805 an Talleyrand, man sollte dem Vertrage mit Spanien (vom 4. Jänner) einen Artikel beifügen, durch den sich Spanien und Frankreich verpflichten, die nothwendigen Maßregeln zu treffen, damit Portugal gemeinsame Sache mache und am 1. Germinal seine Häfen für die Engländer sperre²). Am 30. Jänner beauftragte er Lacépède, dem Friedensfürsten vorzustellen, es sei unbedingt nöthig von Portugal zu fordern, dass es sich mit Spanien und Frankreich erkläre.³) Dann aber entschloss er sich, Junot nach Portugal zu senden, und es nochmals auf gütlichen Wege zu versuchen, diesen Staat an die französisch-spanische Allianz zu ketten. Die Instruction für Junot enthält folgende Bestimmungen bezüglich Portugals: „Sie werden dem Friedensfürsten sagen, dass Sie die Weisung hätten, 14 Tage die Mittel der Unterhandlungen und eines sanfteren Verfahrens anzuwenden. Weigert sich aber Portugal seine Häfen den Engländern zu schließen, die englischen Schiffe mit Beschlag zu belegen und die englischen Waren zu confisciren, so müssen die beiden Gesandten gleichzeit abreisen, der Krieg wird sofort an Portugal erklärt und Eigenthum und Güter Portugals in den beiden Staaten werden sogleich confisciert; dann würde ich vor dem Herbst die Streitkräfte schicken, welche Spanien wünschte, und wir würden uns Portugals bemächtigen." — „Fügen Sie noch hinzu, dass es nöthig sei, dass der König von Spanien fünf Tage nach Ihrer Ankunft in Lissabon einen Brief an den Prinzregenten sende mit der Aufforderung, gemeinsame Sache mit Frankreich und Spanien gegen England zu machen." — „Sollte der Krieg stattfinden, so sind Sie bevollmächtigt, Sich mit ihm über das zukünftige Schicksal Portugals und was aus ihm werden solle, zu verständigen"⁴).

Es wäre sehr interessant zu wissen, wie sich Napoleon damals das künftige Schicksal Portugals dachte. Das ist uns aber nicht

---

¹) Lafuente, a. a. O. XVI. 44 ff. — Napoléon I. Correspondance X. No. 8261.

²) Napoléon I. Correspondance X. No. 8269.

³) Napoléon I. Correspondance X. No. 8299.

⁴) Napoléon I. Correspondance X. No. 8350.

bekannt. Übrigens scheint Junot bezüglich Portugals bald andere Weisungen erhalten zu haben[1].) Denn er blieb viel länger als 14 Tage in Lissabon, ohne dass Portugal seine Häfen den Engländern verschloss, ohne dass anderseits die diplomatischen Beziehungen zwischen Frankreich und Spanien einerseits und Portugal anderseits abgebrochen wurden.

Die portugiesische Angelegenheit tritt nun etwas in den Hintergrund. Napoleon nahm den Gedanken einer Landung in England, welchen schon das Directorium gehegt hatte, wieder auf und traf hiezu großartige Vorbereitungen. Er spornte die spanische Regierung an, die Ausrüstung der Flotte aufs eifrigste zu betreiben.

---

[1]) Die Herzogin von Abrantes spricht in ihren Memoiren (VII, Seite 233 ff. über die Sendung Junots folgendermaßen: „Schließlich wurde die Abreise festgesetzt. Der Kaiser bestimmte Junot und sagte ihm mit Zuversicht das, was er von ihm forderte. Er übertrug ihm nicht nur die Gesandtschaft in Lissabon, sondern auch eine delicate und geheime Mission am Hofe zu Madrid, wo er gleichwohl den General Beurnonville als Gesandten hatte. Aber die Ereignisse nahmen eine ziemlich ernste Gestalt an, so dass sich die Aufmerksamkeit des Kaisers vornehmlich seinen Alliierten im Süden zuwandte. Portugal war neutral, aber in einer so verschmitzten Weise, dass es einer intimen Aufsicht bedurfte, und Spanien wurde so jämmerlich regiert, dass es mehr als nothwendig war, seine Schritte in gleicher Weise zu überwachen. England war sehr thätig und drohte Europa neuerdings durch seinen Streit zu verwirren. Spanien hatte ihm den Krieg am 12. oder 15. December desselben Jahres erklärt; wird aber der Minister, welcher in Spanien regierte, so lange gut gesinnt sein, als es unsere Interessen erforderten? Das war die Frage, welche klargestellt werden musste."

Mit Bezug auf die Sendung Junots schrieb Napoleon am 19. Februar 1805 (Correspondance X. No. 8336) an den Prinzregenten: „Dieser Brief wird Eurer königlichen Hoheit durch den General Junot, meinen Adjutanten Oberst-Commandierenden meiner Husaren und Gesandten an Ihrem Hofe übergeben werden. Ich habe ihm den besonderen Auftrag gegeben, Sie des Interesses zu versichern, welches ich dem Gedeihen der Krone Portugals entgegenbringe, und der von mir gehegten Hoffnung Ausdruck zu verleihen, es würden die beiden Staaten im Einverständnisse vorgehen, um das große Resultat des Gleichgewichtes zur See zu erreichen, welches die Engländer durch Missbrauchen ihrer Macht und Plackereien bedrohen, nicht allein mit Rücksicht auf Spanien, sondern sogar mit Rücksicht auf alle neutralen Mächte. Die Versicherungen, welche ich von Eurer königlichen Hoheit allezeit erhalten habe, sind mir eine sichere Bürgschaft, dass wir uns verständigen werden, um England den schwersten Schlag zu versetzen und es auf gemäßigtere und gesündere Ideen zu bringen."

Napoleon.

Und Spanien kam diesem Wunsche nach, soweit es seine Mittel erlaubten. Um die Landung in England zu ermöglichen, wurde folgendes Project ausgeführt: Ein französisch-spanisches Geschwader unter Villeneuve segelte nach Martinique, um die Aufmerksamkeit der Engländer vom Canal abzulenken. Wirklich gelang es, Nelson nach den Antillen zu locken. Nun kehrte Villeneuve nach Europa zurück und sollte mit den Geschwadern von Ferrol und Rochefort nach Brest und in den Canal kommen. Nur, wenn infolge von bestandenen Gefechten, von wichtigen Theilungen der Kräfte oder anderen Zufällen, die man nicht vorhersehen könne, Villeneuves Situation wesentlich verändert würde, sollte er nach Deblockierung der Geschwader von Rochefort und Ferrol lieber im Hafen von Cadiz ankern¹.) Am 22. Juli 1805 stieß Villeneuve mit dem englischen Admiral Calder bei Cap Finisterre zusammen, wobei zwei spanische Schiffe verloren giengen. Das veranlasste ihn umzukehren und nach Cadiz zu segeln².) Napoleon zeigte sich darüber höchst erzürnt, setzte Villeneuve ab und übertrug dem Admiral Rosily das Commando. Da meinte Villeneuve durch eine kühne Schlacht seine Ehre wieder herstellen zu müssen. Trotzdem Gravina und viele tüchtige Officiere abriethen, wagte er am 20. October bei Trafalgar den Kampf gegen Nelson. Obgleich die Alliierten tapfer kämpften, endete die Schlacht fast mit der Vernichtung ihrer Flotte. Das Übergewicht der Engländer zur See war hiemit besiegelt.

Dass sich aber Napoleon unterdessen auch mit der portugiesischen Angelegenheit beschäftigte, zeigt eine Note an Lacépède vom 26. Juli 1805³). Sie handelt von Rüstungen gegen Portugal. Da heißt es: „Ich glaube, dass 60.000 Franzosen eine zu beträchtliche Zahl ist; 16.000 Franzosen und 60.000 Spanier sollten genug sein, um mit Portugal fertig zu werden". Während Napoleon Österreich und Russland bekriegte, war Izquierdo dem Wunsche Napoleons gemäß in Spanien, um neue Instructionen zu erhalten. Erst

---

¹) Napoléon, I. Correspondance XI. No. 8985.

²) Allemande war mit seinem Geschwader über Befehl von Rochefort nach Vigo gesegelt, um sich mit Villeneuve zu vereinen. Dieser, welcher die Ankunft Nelsons befürchtete, erwartete ihn nicht, sondern gab ihm den Befehl, nach Brest zu segeln, wodurch Allemande großer Gefahr ausgesetzt wurde. Darüber war der Kaiser wüthend.

³) Napoléon, I. Correspondance XI, No. 9017.

nachdem er im Jänner 1806 nach Paris zurückgekehrt war, begannen die Unterhandlungen bezüglich Portugals, welche mehrere Monate unterbrochen worden waren, von neuem. Dieselben nahmen folgenden Verlauf ¹:) Am 16. Jänner 1806 schrieb der Friedensfürst nach Paris, dass der Prinzregent von Portugal wahnsinnig sei, dass die beiden Prinzessinnen ²), welche sich die Regentschaft streitig zu machen suchten, Feindinnen Spaniens seien, und dass er, wenn es Napoleon wünschte, die Regentschaft übernehmen würde. Dieser erklärte hierauf, alles was der Friedensfürst hinsichtlich Portugals zu thun beabsichtige, mit seinem Einflusse und, wenn es nöthig sei, auch mit seinen Waffen unterstützen zu wollen; er sei bereit alle Verträge zu unterzeichnen und einzugehen, welche der Friedensfürst zum genannten Zwecke als nothwendig erachte. Nun schrieb Godoy einen Brief voll allgemeiner, schmeichelhafter Redensarten an den Kaiser. Izquierdo machte ihn aber aufmerksam, dass das zu unklar sei, er müsse direct sagen, was er wolle. Er könne also verlangen: Der Kaiser solle bewirken, dass der Friedensfürst in Portugal zu dem gemacht werde, wozu Prinz Josef Bonaparte in Neapel gemacht wurde; dass er zum Infanten ernannt werde und etwa auch die Regentschaft in Spanien erlange. Am 15. März fügt Izquierdo unter anderem Folgendes hinzu: Der Kaiser sei überzeugt, dass Godoy großer Dinge fähig und eine der außergewöhnlichen Personen des Jahrhunderts sei. Er wünsche denselben aus seiner abhängigen Stellung zu befreien. Nur müsse der Kaiser genau wissen, was er wolle. Der Friedensfürst stehe am Ufer des Rubico wie Caesar. Nun gäbe es kein Zaudern, nun heiße es zugreifen oder verzichten. Denn der Kaiser wiederhole dieselbe Sache nicht zweimal. Godoy könne zum Infanten, Fürsten, König ausgerufen werden.

Der Friedensfürst erwog nun mit den spanischen Majestäten diese Angelegenheit und schrieb dann in einem Briefe vom 1. April 1806 seine Ansichten bezüglich Portugals nieder. Er wolle für

---

¹) Dargestellt nach der bei Lafuente, a. a. O. XVI, 92—95 und 172—178 mitgetheilten Correspondenz zwischen dem Friedensfürsten und Izquierdo.

²) Unter den beiden Prinzessinnen dürfte Carlotta, die Gemahlin des Prinzregenten und Donna Maria Anna, Witwe des ältesten Sohnes Johanns V., verstanden sein.

immer den englischen Despotismus aus diesem Lande vertreiben; er bitte den Kaiser um seine Unterstützung, um sich des Landes zu bemächtigen, das hierauf unter seine Regentschaft kommen könne; oder man könne es in zwei Theile zerlegen; der nördliche, welcher an Galizien grenzt, könne dem dritten Sohne des Königs, dem Infanten Don Francisco, übergeben werden und der andere dem, „dessen Erkenntlichkeit immer der Güte Seiner kaiserlichen und königlichen Majestät entsprechen würde".... Und nun folgen noch mehrere Projecte.

Nachdem die Sache soweit gediehen war, wurde Duroc, der Palastmarschall Napoleons, bestimmt mit Izquierdo zu unterhandeln¹.) Dieser sandte am 7. Juni 1806 folgenden Bericht über eine Conferenz mit dem Marschall Duroc an den Friedensfürsten: Die Oberherrlichkeit über das eroberte Portugal soll ungetheilt Spanien angehören. Es wird aber in zwei Theile zerlegt für zwei Fürsten, den Friedensfürsten und den König von Etrurien, welcher in Italien vereinzelt dasteht und umringt von Staaten, deren Regierung und Gesetze vollständig verschieden sind. — Das regierende Haus von Portugal wird nach Brasilien geschickt. — Dagegen wünscht der Kaiser einen Streifen Landes in Guipuzcoa, den Hafen von Pasages²), damit durch diese Grenzlinie die Staaten besser getheilt werden.

Gegen die Abtretung des kleinsten Streifen spanischen Landes und die Veränderungen, die Napoleon mit Etrurien beabsichtigte, nahm sowohl Izquierdo als der Friedensfürst entschieden Stellung. Vielleicht machte man dann von spanischer Seite mit Bezug auf Etrurien Concessionen. Talleyrand, welcher nun auch in das Geheimnis gezogen wurde, formulierte im Namen des Kaisers einen Vorschlag für eine ewige Allianz und Verbindung der Kronen Frankreichs und Spaniens. Derselbe enthielt laut eines Berichtes Izquierdos vom 15. Juni 1806 folgende Bestimmungen:

Der König kann sich als Kaiser von Spanien oder Indien erklären, wenn er will: Portugal kann für immer mit Spanien vereinigt werden unter Einführung des Föderativsystems nach der Art

---

¹) Lafuente, a. a. O. XVI. Seite 92—95.
²) Schon der Wohlfahrtsausschuss forderte die Abtretung dieses Striches (Siehe Seite 6), wurde aber ebenso abgewiesen.

Frankreichs. Es wird in zwei Theile zerschlagen. Der eine, die Provinzen Entre Douro e Minho, Beira und Traz oz Montes umfassend, soll dem Könige von Etrurien zufallen; der andere aber, aus portugiesisch Estremadura, Alemtejo und Algarve bestehend, soll dem Friedensfürsten gehören. Beide führen den Königstitel. — Oder es soll Algarve und ein Theil der Provinzen Alemtejo und portugiesisch Estremadura südlich einer westöstlichen, in Aldea-Gallega [1]) endenden Linie dem Friedensfürsten zufallen. Der Rest von Alemtejo und portugiesisch Estremadura, einen Strich bis Lissabon bildend, verbleibt dem Könige von Spanien und Entre Douro e Minho, Beira und Traz oz Montes erhält der König von Etrurien, der niemals Lissabon besitzen darf. — Die Theilung kann geschehen, wie es besser passt, aber so, dass dem Friedensfürsten immer ein hübscher Staat bleibt, den er für sich regieren kann, jedoch im Anschlusse an das Föderativsystem des Herrschers von Spanien. — Izquierdo fügt noch hinzu, der Kaiser habe für alle spanischen Besitzungen und für Portugal die Garantie übernommen. Talleyrand habe ihm auf Befehl des Kaisers gesagt, dass das regierende Haus von Portugal nach Brasilien gehen müsse, und die Grenzen des mittäglichen Amerikas so zu regeln seien, wie es Spanien wünsche. Schließlich habe er ihm den Auftrag gegeben, von alledem die spanischen Majestäten und den Friedensfürsten schleunig zu benachrichtigen, damit die Verhandlungen ohne Zeitverlust einen für alle so nützlichen Abschluss fänden, und mit den Worten geschlossen: „Sie lieben den Friedensfürsten, verschaffen Sie Ihrem Freunde eine Krone, Ihrem Könige und Ihrem Vaterlande eine dauernde Herrschaft. Was können Sie noch wünschen? Bedeutet Toscana dem gegenüber etwas…?" [2])

Es erhebt sich sofort die Frage, wie man nun in Spanien sich so leichten Herzens zur Vertreibung des portugiesischen Königshauses entschließen konnte? Da kommt vor allem in Betracht, dass bei dem Theilungsprojecte der Ehrgeiz des Friedensfürsten die

---

[1]) Ein Ort am linken Ufer des Tajo, östlich von Lissabon gelegen.
[2]) Diese Verhandlungen zwischen dem Friedensfürsten und Napoleon aufgedeckt zu haben, ist eines der größten Verdienste Lafuentes, welcher damit bewies, dass Napoleon schon vor dem Tilsiter Frieden den Plan hegte, Portugals Selbständigkeit zu vernichten. — Lafuente, a. a. O. XVI, S. 89—95.

höchste Befriedigung fand; und das Glück des lieben Manuel scheint dem spanischen Königspaare mindestens ebenso am Herzen gelegen zu sein, wie das Schicksal ihrer Tochter Carlotta, der Gemahlin des Prinzregenten von Portugal. Wenn sie aber noch zwischen dem Glücke des Günstlings und dem ihrer Tochter schwankten, dann mag folgende Erwägung den Ausschlag gegeben haben: Der Krieg gegen Portugal im Jahre 1801 war durch einen Frieden beendet worden, den der erste Consul verwarf. Welch' unangenehme, missliche Folgen hatte dies für die spanische Regierung! Und dieser Friede war doch unter Zustimmung des Vertreters der Republik, Lucian Bonaparte, abgeschlossen worden. Um wie viel mächtiger war der Kaiser Napoleon des Jahres 1806, der Sieger von Ulm und Austerlitz, als der erste Consul Bonaparte! — Was es bedeutete, dem Willen dieses Mannes zu widerstreben, das hatte die spanische Regierung im Jahre 1803 erfahren. Sie erlitt damals eine schwere Demüthigung. Nun verlangte Napoleon seit einer Reihe von Jahren, dass Portugal seine Häfen den Engländern verschließe und jeden englischen Besitz in Portugal confiscire. Portugal entsprach dieser Forderung nicht; darum sollte es aufhören, ein selbständiger Staat zu sein. Ob jedoch der Gedanke an eine Entfernung des portugiesischen Königshauses zuerst bei Napoleon oder dem Friedensfürsten entstanden sei, das kann ich nicht entscheiden; nur das ist sicher, dass der Kaiser Junot am 23. Februar 1805 beauftragte, dem Friedensfürsten mitzutheilen, er hege die Absicht, ihm ein Geschenk zu machen als Zeichen seiner Achtung¹.) Über die Form des Geschenkes wird allerdings nichts gesagt.

Und noch ein Punkt ist zu betrachten. Die spanische Regierung hatte früher, abgesehen von anderen Gründen, einer Action gegen Portugal deshalb so viel Widerwillen entgegengebracht, weil ihr das Vorrücken größerer französischer Abtheilungen auf spanisches Gebiet sehr peinlich war. Diesmal aber wies gerade Napoleon den Gedanken, es sollten sich 60.000 Franzosen am Kampfe betheiligen, zurück, indem er sagte, 16.000 Franzosen und 60.000 Spanier müssten hinreichen, um mit Portugal fertig zu

---

¹) Napoléon I. Correspondance X, No. 8350. — ... „Vous ajouterez au prince de la Paix que j'ai le projet de lui faire un présent pour lui montrer mon estime" . .

werden¹), während der spanische Unterhändler ein größeres französisches Hilfscorps forderte²). Früher waren es eben die Truppen der Republik und die spanische Regierung befürchtete, dass dieselben republikanische Ideen verbreiten würden; jetzt waren es die Truppen eines Kaisers, von dem der Friedensfürst überzeugt gewesen zu sein scheint, dass er keine bösen Absichten gegen Spanien hege.

---

¹) Napoléon I. Correspondance XI, No. 9017.
²) Lafuente, a. a. O. XVI, Seite 94.

Die französisch-spanische Allianz vom Vertrage von San Ildefonso bis zum Vertrage von Fontainebleau (1796—1807).

Von Dr. Julius Mayer.

II. Theil: Von 1806—1807.

§. 1. Die Proclamation vom 5. October 1806.

Wie im Jahre 1801, so hat Napoleon auch im Jahre 1806 plötzlich seine Haltung gegen Portugal geändert. Im Juli dieses Jahres knüpfte er Unterhandlungen mit Russland und England an. England gieng auf dieselben nur unter der Bedingung ein, dass die Integrität Portugals gewährleistet werde. Napoleon musste also von der Ausführung des portugiesischen Projectes so lange absehen, als er ernstlich mit England unterhandelte. Als aber diese Unterhandlungen zu keinem günstigen Resultate führten und anfangs August ein englisches Geschwader unter Lord Saint Vincent im Tajo erschien, änderte sich die Sache. Auch ein ausserordentlicher englischer Gesandter, Lord Rosslyn, war nach Lissabon gekommen; er soll den Auftrag gehabt haben, mit Portugal ein Offensiv- und Defensiv-Bündniss unter voller gegenseitiger Garantie des durch die letzten Verträge festgestellten Besitzstandes abzuschliessen [1].

In Paris tauchte wieder der Gedanke auf, sich Portugals zu bemächtigen. Talleyrand schreibt am 24. August 1806 an den Kaiser: .... „Wird ... die Unterhandlung abgebrochen, dann werden Eure Majestät einen Vorwand haben, aus Portugal zu machen, was Sie wollen" [2]. Graf Metternich, der damalige Gesandte Österreichs in

---

[1] Gennotte an Stadion, im k. u. k. Haus-, Hof- und Staatsarchiv in Wien. [H. H. St. A.], Spanien, Corr. 172 B/2, Nr. 16 — Madrid le 9 Octobre 1806.

[2] Lettres inédites de Talleyrand à Napoléon, Nr. CLXXVI.

Paris, berichtet am 2. September 1806 nach Wien: „Die Existenz Portugals erscheine sehr bedroht; man habe den englischen Unterhändlern nicht verschwiegen, dass das Aussehen Portugals an dem Tage verändert werden würde, an welchem England den Frieden verweigere. Man spreche sich mit ziemlicher Sicherheit dahin aus, dass es für den Friedensfürsten bestimmt sei."¹)

In Spanien wurde unterdessen eifrig gerüstet. Hier gieng das Gerücht²), dass das seit 8. August in der Höhe von Lissabon befindliche Geschwader in der Voraussicht einer französisch-spanischen Operation gegen Portugal dahin beordert worden sei. Für eine französisch-spanische Operation sprächen viele Umstände, so der Vormarsch mehrerer französischer Regimenter gegen die Grenzen Spaniens, der vom Madrider Hofe ergangene Befehl, 13 spanische Regimenter mit Herbeiziehung von Milizen auf vollen Stand zu bringen, die Vorbereitungen, welche getroffen wurden, um in Barcelona 20.000 Bettzeuge bereit zu haben, und die Erhöhung der Garnisonen in den Plätzen an der französischen Grenze. Es scheine also, dass man französische Truppen unter gewissen Vorsichtsmassregeln in Spanien einrücken lassen wolle, um dann mit ihnen gemeinschaftlich zu operieren. — Den ganzen September hindurch wurden in Spanien die Rüstungen eifrig betrieben.³)

Da verliess am 28. September das englische Geschwader die Bai von Lissabon. Es geschah dies, wie der Gesandte Portugals in Madrid, der Conde da Ega, dem österreichischen Geschäftsträger mittheilte, auf Veranlassung des Lissaboner Hofes; zugleich brach auch Lord Rosslyn die Unterhandlungen ab, da das Vorgehen dieses Hofes und die Abfahrt des Geschwaders seine Sendung unnütz mache.⁴)

---

¹) Metternich an Stadion, Nr. 3 B. (Original im Haus-, Hof- und Staatsarchiv in Wien).

²) Gennotte an Stadion, a. a. O. Nr. 2 (Madrid le 25 Août 1806).

³) Ende September hielt Gennotte von diesen Rüstungen allerdings nicht viel. Er berichtet am 29. September (H. H. St., a. a. O. Nr. 12.) (Chiffern): „Je ne hazarde point en disant qu'il est impossible à l'Espagne d'organiser un Corps capable d'agir avec les moyens et l'energie, que rendrait nécessaire une resistance quelconque de la part de Portugais."…. Bezüglich der Rüstungen siehe auch Anhang Nr. I und III.

⁴) Siehe Anhang Nr. III — Gennotte an Stadion, a. a. O. Nr. 16 — Madrid le 9 Octobre 1806.

Das scheint in Paris eine Änderung der Stimmung zu Gunsten Portugals zur Folge gehabt zu haben. Napoleon widmete jetzt seine ganze Aufmerksamkeit dem Kriege mit Preussen, und es war ihm wohl sehr erwünscht, die Operation gegen Portugal unter einem so schönen Vorwande einstweilen unausgeführt lassen zu können.

Samstag, den 18. October 1806, stand im „Moniteur universal" zu lesen: [1])

Lissabon, am 30. September. — „Endlich hat das englische von Lord Saint-Vincent commandierte Geschwader unseren Hafen verlassen. Es führt den ausserordentlichen Unterhändler Lord Rosslyn zurück, der bei unserem Hofe nichts erreicht hat. Es ist der Festigkeit und dem aufgeklärten Eifer des Chevalier Aranjo für die wahren Interessen seines Herren zu danken, dass Portugal diesmal nicht in den Wirbel gerissen werden sollte, in welchem so viele übel berathene Staaten verschlagen wurden"....

Herr da Ega beeilte sich, den Madrider Hof von der Abfahrt des englischen Geschwaders zu benachrichtigen und hinzuzufügen, dass dies auf Betreiben seines Hofes geschehen sei. Nun hatte die spanische Regierung ihre Rüstungen durch die Anwesenheit der Flotte des Lord Saint Vincent im Tajo zu rechtfertigen gesucht und dem Lissaboner Hofe zu verstehen gegeben, dass, wenn es demselben gelänge, die Abfahrt dieser Flotte zu bewirken, Spanien dies als einen Grund ansehen würde, von seinen Rüstungen abzustehen. Der portugiesische Gesandte hoffte um so mehr, dass dieses Ereignis jeden Zwist zwischen dem portugiesischen und spanischen Hofe beseitigen würde, als es schien, dass in Paris die ungünstige Stimmung gegen Portugal verschwunden sei. Am 8. October aber klagte noch Herr da Ega dem österreichischen Geschäftsträger, dass Spanien trotz der immer wiederholten Versicherungen des Friedensfürsten, es sei ganz unnütz, dass Portugal sich beunruhige, seine Rüstungen verdopple; unter den gegenwärtigen Verhältnissen müsse man dieselben als gegen Portugal gerichtet betrachten. [2])

Spanien entwickelte wirklich eine fast fieberhafte Thätigkeit. Eine neue Organisation und Vermehrung der spanischen Armee

---

[1]) Diese Zeitung heisst Gazette Nationale ou le Moniteur universal.

[2]) Siehe Anhang Nr. IV — Gennotte an Stadion, Nr. 16. — Madrid le 9 Octobre 1806.

wurde befohlen. Man wollte dieselbe auf 162.000 Mann bringen. Da die Mittel der Regierung für ein solches Unternehmen allem Anscheine nach nicht ausreichten, so wurde an den Opfermuth der Provinzen appellirt. Jede Provinz erhielt eine besondere Aufforderung („invitation") und wurde eingeschätzt. So sollten die Provinzen des Königreiches Aragon 20.000, Navarra, welches sonst 400 Mann stellte, 1500, Biscaya 757, die Provinz Alba 600, Guipuzcoa 700, Burgos 3000, Neu-Castilien 4000 Mann stellen. Eine ganz besonders dringende Aufforderung ergieng an die Bewohner Andalusiens und Estremaduras: das ist die berühmte Proclamation des Friedensfürsten. Sie trägt das Datum des 5. Octobers und wurde am 7. expediert, einige Tage, nachdem die Nachricht in Madrid eingetroffen war, dass das englische Geschwader die Bai von Lissabon verlassen habe.²) Die Uebersetzung der Proclamation lautet: ²)

¹) Gennotte an Stadion (a. a. O. Nr. 17, Madrid le 16 Octobre 1806): [Chiffern]:.... „Dernièrement j'eus l'honneur d'entretenir Votre Excellence des armemens extraordinaires que ce Gouvernement-ci avait décretés; la chose va en Croissant et s'execute avec rigueur, il se fait un appel général de la Nation aux Armes. Toutes les Provinces ont reçu des invitations particulières; Celles du Royaume d'Arragon sont sommés à fournir 20.000 hommes; la Navarre et la Biscaye en proportion; on procède de même vis-à vis de celles du Royaume de Galice; Mais c'est surtout aux Provinces de Landalousie et à L'Estramadure qu'est dirigée l'invitation la plus pressée; elle est ci-joint, et parait meriter attention; elle porte la date du 5; et fut expediée le 7., quelques jours après la reception de l'avis du départ de la flotte Anglaise de Lisbonne. On juge différement de ces mesures; j'y fais attention pour pouvoir rendre à Votre Excellence un Compte exact du tout." Siehe auch Anhang Nr. IV und die Wiener Zeitung vom 15. November 1806.

²) „En circunstancias ménos arriesgadas que las presentes han procurado los vasallos leales auxîliar á sus Soberanos con dones y recursos anticipados á las necesidades; pues en esta prevision tiene el mejor lugar la generosa accion del súbdito hácia su Señor. El Reyno de Andalucia, privilegiado por la naturaleza en la produccion de caballos de guerra ligeros; la Provincia de Extremadura, que tantos servicios de esta clase hizo al Señor Felipe V, ¿ verán con paciencia que la Caballeria del Rey de España esté reducida é incompleta por falta de caballos? No, no lo creo; ántes si espero que del modo mismo que los abuelos gloriosos de la generacion presente sirviéron al Abuelo de nuestro Rey con hombres y caballos, asistan ahora los nietos de nuestro suelo con Regimientos ó Compañias de hombres diestros en el manejo del caballo, para que sirvan y defiendan á su patria todo el tiempo que duren las urgencias actuales, volviendo despues llenos de gloria y con mejor suerte al descanso entre su familia. Entónces si que cada qual se disputará los laureles de la victoria: qual dirá deberse á su

„Bei weniger gefährlichen Umständen als die gegenwärtigen haben die getreuen Unterthanen Sorge zu tragen, ihren Souveränen mit Gütern und Leistungen entgegenzukommen, ehe es die Nothwendigkeit erfordert; gewiss, in dieser Voraussicht findet die edle That des Unterthanen gegen seinen Herren den besten Platz. Das Königreich Andalusien, von Natur aus durch die Zucht leichter Kriegsrosse bevorzugt: die Provinz Extremadura, welche dem Könige Philipp V. so grosse Dienste dieser Art erwiesen hat, werden sie es mit Gleichmuth ansehen, dass die Reiterei des Königs von Spanien unvollständig ist aus Mangel an Pferden? Nein, nein, das glaube ich nicht. Ich hoffe vielmehr, dass ebenso, wie die ruhmreichen Vorfahren der lebenden Generation dem Grossvater unseres Königs mit Menschen und Pferden dienten, jetzt die Enkel unseres Landes mit Regimentern und Schwadronen von Leuten, welche mit der Handhabung des Pferdes ver-

brazo la salvacion de su familia; qual la de su gefe; qual la de su pariente ó amigo; y todos á una tendrán razon para atribuirse á si mismos la salvacion de la patria. Venid pues, amados compatriotos; venid á jurar baxo las banderas del mas benéfico de los Soberanos; venid, y yo os cubriré con el manto de la gratitud, cumpliéndoos quanto desde ahora os ofrezco, si el Dios de las victorias nos concede una paz tan feliz y duradera qual todos le rogamos. No, no os detendrá el temor, no la perfidia: vuestros pechos no abrigan tales vicios, ni dan lugar á la torpe seduccion. Venid pues: y si las cosas llegasen al punto de no enlazarse las armas con las de nuestros enemigos, no incurriréis en la nota de sospechosos, ni os tildaréis con un dictado impropio de vuestra lealtad y pundonor por haber sido omisos á mi llamamiento."

„Pero si mi voz no alcanzase á despertar vuestros anhelos de gloria, sea la de vuestros inmediados tutores y padres del pueblo, á quienes me dirijóla que os haga entender lo que debeis á vuestra obligacion, á vuestro honor y á la sagrada religion que profesais." — San Lorenzo el Real 5 de Octubre de 1806.

El Principe de la Paz.

Ich habe zwei gedruckte Exemplare der Proclamation in Händen gehabt. Das eine liegt dem Berichte Gennottes Nr. 17 vom 16. October, das zweite dem Berichte Nr. 20. vom 30. October 1806 bei. Sie stimmen dem Wortlaute nach überein, nur trägt das zweite noch die Bemerkung: Es copia. — En Cádiz en la Imprenta de Requena, Plazuela de las Tablas. — Auch Lafuente bringt den Text (XVI. Band, S. 95 ff.). Doch wurde ein Satz und das Datum weggelassen. Dagegen steht an der Spitze des Textes ein „Españoles", welches in den mir zur Verfügung stehenden Exemplaren fehlt. Das hat auch in einer an die Bewohner Andalusiens und Estremaduras gerichteten Proclamation wenig Sinn. — Warum Lafuente diese Proclamation die Proclamation vom 6. October nennt, ist mir nicht klar.

traut sind, zuhilfe kommen werden, damit sie ihrem Vaterlande dienen und es vertheidigen, solange die gegenwärtigen Bedrängnisse dauern, um dann voll Ruhm und mit einem besseren Lose zur Ruhe in ihre Familie zurückzukehren. Da wird dann ein jeder auf Siegeslorbeeren Anspruch machen: Der eine wird sagen, seine Familie verdanke seinem Arme die Rettung; der andere, sein Chef, wieder ein anderer, sein Verwandter oder Freund, und alle zusammen werden ein Recht haben, sich die Rettung des Vaterlandes zuzuschreiben. Kommt also, geliebte Landsleute, kommt, zu schwören auf die Fahnen des wohlthätigsten aller Suveräne; kommt, und ich werde euch bedecken mit dem Mantel der Dankbarkeit und euch erfüllen, was ich euch jetzt verheisse, wenn der Gott der Siege uns einen so glücklichen und dauernden Frieden gewährt, wie wir alle ihn bitten. Nein, nicht Furcht, nicht Treulosigkeit wird euch zurückhalten: solche Laster wohnen nicht in eurer Brust, sie gibt der schändlichen Verführung keinen Raum. Kommt also; und wenn die Dinge so ablaufen, dass wir unsere Waffen mit denen unserer Feinde nicht zu messen brauchen, so werdet ihr frei von Verdacht und von der üblen Nachrede gegen euere Treue und Ehre sein, meinen Ruf nicht befolgt zu haben."

„Wenn jedoch meine Stimme nicht hinreicht, euere Ruhmbegierde zu wecken, so mögen es die eurer unmittelbaren Vorgesetzten und Gemeindeväter thun, an die ich mich wende, damit sie sagen, was ihr eurer Pflicht, eurer Ehre und der heiligen Religion, die ihr bekennt, schuldig seid."

San Lorenzo el Real, am 5. October 1806.

Der Friedensfürst.

An die Behörden der Provinzen sandte der Friedensfürst mit Bezug auf die Proclamation folgendes Circular:[1])

„Mein Herr! Der König befiehlt mir, Ihnen zu sagen, dass er in den gegenwärtigen Umständen von Ihnen einen angestrengten Eifer und Thätigkeit in seinen Diensten erwartet; und ich empfehle Ihnen in seinem Namen die grösste Thätigkeit bei dem statthabenden

---

[1]) Ich habe die Übersetzung der „Wiener Zeitung" vom 22. November 1806 entnommen, da sie mir etwas vollständiger zu sein schien, als der von Lafuente in der Historia general XVI, S. 96, mitgetheilte Text.

Losen, und mache Ihnen bemerklich, dass weder Seine Majestät noch ich uns mit den alltäglichen Anstrengungen, die man in ordentlichen Fällen gewöhnlich macht, begnügen werden. Sie können den Pfarrern im Namen des Königs bekannt machen, dass sie von den Bischöfen unterstützt werden, um das Volk zu bewegen, sich unter den Fahnen zu vereinigen, und die Reichen, um die nöthigen Aufopferungen zu machen, die Kosten des Krieges bestreiten zu können, den wir vielleicht zum besten Aller zu führen gezwungen werden dürften, und da er solche grosse Anstrengungen erfordert, so sollen es die Obrigkeiten fühlen, dass es ihre besondere Pflicht ist, alle dienlichen Mittel anzuwenden, den Nationalenthusiasmus aufzuregen, um mit Ruhm in die Schranken treten zu können, die sich öffnen. Seine Majestät hat das Zutrauen, dass Sie keines derselben, welches eine grössere Anzahl Soldaten in Ihrer Provinz verschaffen, und daselbst den höheren Muth des Adels aufmuntern kann, vernachlässigen werden (denn es kommt auf seine Privilegien ebenso gut an, als auf die der Krone) und dass Sie Alles thun werden, was in Ihrer Macht steht, um das eine oder andere Ziel zu erreichen."

An die Bezirksvorstände Andalusiens ergieng ein Rundschreiben folgenden Inhalts[1]):

„Obgleich die beiliegende Proclamation durch den Friedensfürsten, unseren Höchstcommandierenden, an die Landrichter und Volksgerichte gesandt wurde und ich nicht zweifle, dass alle sich beeilen werden, die Ideen des so würdigen Chefs ohne Verzug zu erfüllen, wie der Generalcapitän von Andalusien und der Präsident des königlichen Territorialgerichtshofes, so muss ich doch meines-

---

[1]) Ein solches Circular liegt Gennottes Bericht Nr. 20 bei und hat folgenden Wortlaut: „Aunque la Proclama adjunta haya sido dirigida por el Sr. Generalisimo Principe de la Paz á los Corregidores y Justicias de los Pueblos, y yo no deba dudar que todas se apresurarán á llenar las ideas de tan digno Gefe, sin embargo, como Capitan General de Andalucia y Presidente de la Real Audiencia Territorial, debo promover por mi parte el cumplimiento de esta general obligacion. Asi, pues, me lisonjeo que el zelo patriotismo de los Individuos de esta Provincia que se hallen en aptitud de concurrir con sus personas, y caballos á esta convocatoria, no lo dilatarán un momento, antes bien, aspirando al honor que les resulta de tan importante servicio, se prepararán y estarán prontos para quando yo envie Oficiales comisionados que, tomando conocimiento de tan honrados voluntarios, puedan organizarlos del modo mas conveniente á los designios que el Sr. Generalisimo se ha propuesto, dándole este modo una in-

theils die Vollziehung dieser allgemeinen Pflicht befördern. Ich schmeichle mir, dass der Eifer und Patriotismus der Bewohner dieser Provinz, die durch ihre eigene Kraft und durch ihre Pferde in der Lage sind, diesem Aufrufe nachzukommen, all das nicht einen Augenblick verschieben werden. Im Gegentheile, sie werden sich, die Ehre erwägend, welche ihnen aus einem so wichtigen Dienste erwächst, vorbereiten und bereit dastehen, wenn ich bevollmächtigte Officiere sende, damit sie von so ehrenvollen Freiwilligen Kenntnis nehmen und dieselben nach einer für die Pläne des Generalissimus entsprechenden Art organisieren könnten. Sie werden ihm so einen unbestreitbaren Beweis geben, dass der Erfolg seinen Ideen entspreche, und dass die Andalusier nicht den kriegerischen Geist ihrer Vorfahren vergessen haben und auch nicht die Treue, mit der sie ihr Leben und ihre Interessen dem Dienste ihres Herrschers weihen müssen. Bringen Sie dies nicht nur im Bezirkshauptorte, sondern auch in allen Flecken Ihres Districtes zur allgemeinen Kenntnis, und erinnern Sie diese Landeskinder, dass in einem Lande, dessen gesammte Bevölkerung aus Militärcolonien und Grenzwächtern gebildet worden war, jeder Bewohner, der da meint, ein alter Christ reinen Blutes zu sein, schon als solcher dem Soldatenstande angehöre."

„Gott möge Ihnen noch viele Jahre schenken!"

Cadiz, am 21. October 1806.

Marquis del Socorro.

Erwähnenswerth ist ferner noch der „Auszug der Befehle S. E. des Generalissimus an die Generale und Obersten der K. spanischen Armee von 12ten und 17 8^{br} [1]) 1806", welchen Gennotte gleichfalls seinem Berichte Nr. 20 vom 30. October beigelegt hat. Er lautet:

---

contextable prueba de que el efecto corresponde á sus ideas, y que los Andaluces no han obvidado el espíritu marcial de sus predecesores, ni la lealtad con que deben sacrificar sus vidas é intereses en servicio de su Soberano. Hágalo V. entender así, no solo en esa Cabeza de Partido, sino en todos los pueblos de su distrito para la comun inteligencia, y recuerde á esos Naturales, que en un Pais, cuya poblacion fue toda de colonias militares y guarnicion de frontera, todo habitante que pretende ser christiano viejo y limpio, hace en el hecho profesion de soldado."

„Dios guarde á V. muchos años." Cádiz 21. de Octubre de 1806.

El Marques del Socorro.

[1]) 17. October.

„Die Obersten und Chefs der Corps werden unverzüglich und ohne Zeitverlust die unter ihren Commando stehenden Truppen in der gehörigen Subordination und Mannszucht unterrichten und sich, bey dem noch gegenwärtigen Ruhestand bestreben, die Recruten, wodurch die Armee ergänzet und vergrössert wird, mit der grössten Sorgfalt, ausgedienten Soldaten nachzubilden, und zu diesem Zweck, die unterhabende Mannschaft in Handgriffen der Waffen, im Feuer, in Märschen, und wenn die Vereinigung der Truppen es zulässt, in den nothwendigsten und im Kriege üblichsten Maneuvres exersiren lassen. Bey den gegenwärtigen Zeitumständen, ist es desto dringender, den obern Offizieren eine verdoppelte Thätigkeit anzubefehlen, als der Fall vorkommen dürfte, dass die Truppen starke und schleunige Märsche zu machen und zugleich die Gelegenheit haben sollen, vor den Feinden des Königs, ihren Unterricht, ihre Mannszucht, unstreitbare Tapferkeit, und gute Ordnung an tag zu legen."

  M^d ...... [1]), den 12ten 8^{br}.

---

[1]) Unleserliches Wort. (Madrid?) — In allen Berichten ist die im citierten Originale angewandte Orthographie beibehalten.

§. 2. Spanien rüstet gegen Frankreich.

Der Conde da Ega und Gennotte [1] waren überzeugt, dass die Rüstungen Spaniens gegen Portugal gerichtet seien. Am 22. und sogar noch am 29. September berichtet Gennotte vom Vorrücken spanischer Regimenter gegen die portugiesische Grenze.

Bis Mitte September 1806 mögen die militärischen Vorkehrungen in Spanien thatsächlich gegen Portugal gemünzt gewesen sein. Da erschien aber die berühmte Proclamation und das Circulare an die Behörden. Das Volk sollte durch alle Mittel bewogen werden, sich „freiwillig" und möglichst zahlreich zur Armee zu melden. Das erregte Aufsehen. Der Friedensfürst suchte später diese Schritte durch die Anwesenheit des englischen Geschwaders im Tajo zu begründen [2], wie er es schon früher hinsichtlich der Rüstungen dem Gesandten Portugals gegenüber gethan hatte. Aber erstens war,

---

[1] Wilhelm Ferdinand Gennotte wurde Ende 1802 Commis der Legation in Rom. Dann kam er als Gesandtschaftssecretär nach Florenz, wo er bis Ende Juli 1806 verblieb. Am 22. April 1806 hatte Stadion beauftragt (Vorträge Stadions an den Kaiser im H. H. St. A.), dass Gennotte die Legations-Secretärsstelle in Rom übernehmen solle, da der Graf von Khevenhüller ihn bereits zu Gesandtschaftsgeschäften in Rom verwendet habe und seine Rückkunft wünsche. Nun war über Wunsch des spanischen Hofes der erste Botschaftssecretär in Madrid, Andreoli, abberufen worden. Zunächst war ein Herr von Lebzeltern als sein Nachfolger ausersehen worden. Da dies aber Anstände ergab, und der ehemalige Botschaftssecretär in Paris, Kruthoffer, aus Rücksicht auf seine Gesundheit Bedenken trug, den erledigten Posten in Madrid zu übernehmen, so wurde Gennotte für denselben bestimmt (Vorträge Stadions an den Kaiser vom 6. März, 18. und 19. Mai 1806 im H. H. St. A.). — Am 18. August 1806 traf Gennotte in Madrid ein und bekleidete hier die Stelle eines k. k. Botschaftssecretärs bis 1808. Als solcher führte er die Geschäfte, denn der in den Hof- und Staatsschematismen als österreichischer Botschafter in Spanien angeführte Herr Emerich Philipp Graf zu Eltz hat diese Stellung damals in Wirklichkeit nicht angetreten. In den Jahren 1809 bis 1813 scheint Österreich keinen officiellen Vertreter in Spanien gehabt zu haben. In den Schematismen von 1814 erscheint dann Herr Wilhelm Ferdinand von Gennotte als k. k. Geschäftsträger in Madrid. Die Schematismen schreiben regelmässig Genotte. Er selbst unterzeichnet sich Gf. Gennotte (Guillaume Ferdinand Gennotte).

[2] Lafuente. Historia general XVI, S. 99; Du Casse berichtet, Godoy habe sie bei Napoleon als gegen den Sultan von Marokko gerichtet bezeichnet. Mémoires du Roi Joseph. 4. B., 2. Ausgabe, Paris 1854. S. 253 ff.

wenigstens in Madrid, die Abfahrt des Lord Saint Vincent schon bekannt, als die Proclamation ausgegeben wurde, und zweitens wurden nicht nur die Bewohner der durch dieses Geschwader etwa bedrohten Provinzen Estremadura und Andalusien zu Kriegsdiensten „eingeladen", sondern die aller Provinzen. Nur war die für die beiden genannten Provinzen bestimmte Proclamation besonders dringend, vielleicht weil der Friedensfürst meinte, in seiner Heimat eher Gehör zu finden. Dass sie gegen Portugal gerichtet war, erschien desshalb unwahrscheinlich, weil es wenig Sinn gehabt hätte, zu einem Angriffskriege gegen diesen Staat ganz Spanien unter die Waffen zu rufen. So war man beim Erscheinen der Proclamation im Zweifel, gegen wen sie zielte [1]. Bald aber wurde es klar, und der Friedensfürst hat es später selbst eingestanden, dass diese Massregeln gegen Napoleon gerichtet waren [2].

Was mag den Friedensfürsten bewogen haben, sein Verhalten gegen Napoleon so gründlich zu ändern? Izquierdo war aufmerksam gemacht worden, dass man dem Friedensfürsten das Königreich Algarve nur verspreche, um ihn zu ködern und sich mit seiner Hilfe Spaniens zu bemächtigen [3]. Hievon benachrichtigte er seinen Herrn. Dieser schreibt ihm Ende August: „Sie sehen meinen Händen ein Königreich in dem Augenblicke entschwinden, als der Vergleich unterzeichnet werden sollte, und konnten bemerken, dass die, welche bei der Ausarbeitung des Projectes am thätigsten waren, die ersten sind, welche unsere Arbeiten unfruchtbar gemacht haben" [4]. Er

---

[1] Gennotte an Stadion, a. a. O. Nr. 17. Madrid le 16 Octobre 1806:.....
„On juge différemment de ces mesures; j'y fais attention pour pouvoir rendre à Votre Excellence un Compte exact du tout."

[2] Lafuente: Historia general XVI, S. 99.

[3] Auszüge aus der Correspondenz zwischen dem Friedensfürsten und Izquierdo vom Juli 1806 bis ins Jahr 1807 finden sich bei Lafuente, Historia general XVI, S. 179—186. Sie sind höchst interessant, aber leider nur theilweise mit dem Datum versehen. Etwa Ende Juli oder Anfang August 1806 schreibt Itzquierdo: „Ha habido quien ha venido á mi casa y me ha dicho: Mire V. que me consta que aqui quieren engañarle: no porque sean más hábiles que V., porque tengan más sagacidad esperan conseguirlo, sino porque son más fuertes y malos. Le ofrecen el reino de los Algarbes para su principe de la Paz; pero nada le darán, y la mira de estos secuaces de Maquiavelo con estas esperanzas que le dan á V., es atraerse el principe de la Paz, y valiéndose de él, apoderarse de España". — A. a. O., Seite 182.

[4] Lafuente, a. a. O. XVI, S. 180.

hatte sich die Sache schon sehr rosig ausgemalt. So bemerkte er am Rande einer Depesche Izquierdos vom 7. Juni 1806: „Der kurze Inhalt der Depesche ist also, dass, wenn das Haus Etrurien nach Portugal übersiedelt und dieses in zwei Theile getheilt wird, die Hälfte für den König und die Hälfte für mich, die Verbindung meiner Tochter mit dem Könige — beide sind gleichen Alters — dieses Land ansehnlicher machen würde etc.; ferner, dass das Königshaus von Portugal nach Etrurien kommt und in diesem Fall die Prinzessin unseren Prinzen heiratet. Die Majestäten sind mit diesem Plane sehr zufrieden . . ." [1]). Die Vernichtung dieser herrlichen Pläne mag im Friedensfürsten die Erinnerung an die Schmach, welche der erste Consul ihm und ganz Spanien im Jahre 1803 zugefügt hatte, und die er damals ruhig ertragen musste, wachgerufen haben. Dazu kam noch das Vorgehen des Kaisers in Neapel. Nicht die Vertreibung des früheren Königs vom Festlande berührte in Spanien so unangenehm. Schon im Jahre 1798 hatte König Carl einer Entthronung seines Bruders unter der Bedingung zugestimmt, dass sein zweiter Sohn, Don Carlos, dieses Reich erhalte. Denn die Krone beider Sicilien habe immer zu Spanien gehört [2]). Napoleon aber verlieh diese spanische Domäne ganz eigenmächtig seinem Bruder Joseph! Dann hatte er ganz offen bekannt, er wolle auch den König von Etrurien aus Italien entfernen. Dieses Bestreben des Kaisers, den spanischen Einfluss in Italien völlig zu beseitigen, musste in Madrid dann besonders wirken, als man dort sah, dass es dem Kaiser mit einer Vergrösserung Spaniens durch Portugal so wenig Ernst war. Nun tauchten aber auch Gerüchte auf, Spanien werde die Provinzen nördlich vom Ebro für Portugal an Frankreich abtreten müssen. Es solle daraus ein Königreich Iberien für Lucian Bonaparte gebildet werden. Ja, andere sprachen sogar von einer gänzlichen Vertreibung der

---

[1]) Lafuente, a. a. O., XVI, S. 178. — König von Etrurien war der damals fünfjährige Louis II. Dieser sollte nach dem Wunsche des Friedensfürsten mit dessen Tochter vermählt werden. Die Tochter stammte aus der Ehe des Friedensfürsten mit einer bourbonischen Prinzessin, der Tochter des Infanten Don Luis Ob unter der oben genannten Prinzessin Doña Maria Anna, die Witwe des ältesten Sohnes König Johanns V., oder eine Tochter des Prinz-Regenten gemeint ist, ist fraglich.

[2]) Lafuente, a. a. O. XV, S. 316. ff.

Bourbonen aus Spanien. Man warte nur auf einen günstigen Zeitpunkt¹).

Da nahm Napoleon Ende August die Operationspläne gegen Portugal wieder auf. Es war die Nachricht eingetroffen, dass der Czar den Vertrag Oubrils mit Frankreich vom 8./20. Juli nicht ratificiert habe; die Verhandlungen mit England waren gleichfalls ziemlich aussichtslos. So fasste Napoleon den Plan, im nächsten April 60.000 Spanier und Franzosen nach Lissabon marschieren und eine Expedition nach der Allerheiligen-Bay zu geeigneter Zeit abgehen zu lassen.²) Talleyrand unterliess es nicht, Izquierdo neuerdings zu versichern, Spanien würde auf jeden Fall Portugal erhalten.³) Wenn diese Nachrichten in Madrid einen Hoffnungsschimmer erweckt haben mögen, so traf bald darauf eine andere ein, welche den Friedensfürsten und die Königin überzeugen musste, dass Napoleon Spanien lediglich für seine Zwecke ausbeuten wollte. Gegen Mitte September nämlich übersandte Izquierdo eine Abschrift des Tractates zwischen Frankreich und Russland, demzufolge König Joseph von Neapel auch Sizilien erhalten, der älteste Sohn König Ferdinands von Sizilien aber durch die Balearen entschädigt werden sollte. ⁴) Gleichzeitig betonten französische Agenten in Spanien, dass

---

¹) Izquierdo berichtet so in demselben Schreiben, in dem er auch von der ihm zugegangenen Warnung Mittheilung macht. (Siehe S. 27, Anm. 3.) — Vergleiche auch Anhang, Nr. VIII.

²) Napoléon I. Correspondance XIII, Nr. 10752: Plan de Campagne Maritime pour cette année. — Saint-Cloud, 8 septembre 1806. — Siehe oben Seite 1.

³) Lafuente, Historia general, XVI. S. 182.

⁴) Lafuente, Historia general, XVI, S. 182. — Nach einer dem Grafen Metternich von Lord Lauderdale besorgten Abschrift des von Oubril unterzeichneten Abkommens lauten die auf die Entschädigung Bezug habenden geheimen Artikel folgendermassen:

Art. 1. „Si par la suite des circonstances le Roi Ferdinand IV ne devois plus continuer de posséder la Sicile, S. M. l'Emp. de toutes les Russies et S. M. l'Emp. des François Roi d'Italie se réuniroient, et concerteroient toutes les mesures pour déterminer la Cour de Madrid à céder les Isles Baléares au Prince Royal, fils du Roi Ferdinand IV, pour en jouir, ainsi que ses héritiers et successeurs, avec le titre de Roi. S. M. l'Empereur Alexandre reconnoitroit à cette époque le nouveau Roi des deux Siciles."

........„La cession des Isles Baléares n'aura lieu que sous la condition expresse que les Ports des dites Isles seront fermés pendant la présente guerre

Karl der Grosse die Grenzen seines Reiches bis an den Ebro ausgedehnt habe. ¹)

Es gab also, vom verletzten Ehrgeize ganz abgesehen, mehrere gewichtige Gründe dafür, dass der Friedensfürst seine Politik Frankreich gegenüber so veränderte, wie es eben durch die Proclamation vom 5. October gekennzeichnet wurde.

Es bleibt noch die Frage zu erörtern, wann sich der Friedensfürst entschied, gegen Napoleon Stellung zu nehmen. Gegen den 18. September erhielt man in Madrid von dem Abbruche der Verhandlungen mit England Nachricht und davon, dass ein Krieg im Norden drohe. ²) Am 20. September fand eine Conferenz zwischen dem Friedensfürsten und dem Bevollmächtigten Russlands, Baron Stroganow, statt. ³) Am 21. September reiste der Friedensfürst plötzlich nach dem Escurial auf Befehl der Königin, um dort wichtige Dinge zu verhandeln. ⁴) Um diese Zeit ⁵) machte Gennotte, wie alle Mitglieder des diplomatischen Corps, dem Friedensfürsten seine Aufwartung. „Nach einigen gleichgiltigen Redensarten", so berichtet unser Vertreter, „fragte er mich unauffällig, so leichthin, aber doch mit sichtbarem Eifer, ob die alten Beziehungen zwischen Österreich und Russland noch bestünden. Ich antwortete höflich, dass ich nicht in der Lage wäre, dies zu wissen; er aber blieb bei diesem Thema. Ich sprach nun in allgemeinen Redensarten über die Freundschaft, die guten Beziehungen und den Frieden, den Seine kaiserliche

---

entre la France et la Grande Bretagne aux Puissances ennemies de la France et de l'Espagne.

Art. 2. „Le Roi Ferdinand IV et la Reine sa femme ne pouvant résider dans les Isles Baléares lorsque leur fils portera cette couronne, il sera pourvu à leur existence et à leur entretien suivant les arrangemens qui pourront être pris à ce sujet. Les hautes Puissances contractantes s'engagent à n'y mettre aucun obstacle, et à les favoriser de tout leur pouvoir" . . . . . . — Metternich an Stadion, Nr. 4 C, Paris le 16 Septembre 1806 (H. H. St. A.).

¹) P. S. ad Nr. 10. Madrid 25 7bre 1806. Siehe Anhang Nr. II. Gennotte an Stadion, a. a. O.

²) P. S. ad Nr. 9. Madrid le 18 7bre 1806. Gennotte an Stadion, a. a. O.

³) P. S. ad Num. 10. [Chiffern.] „Le Ministre Russe était revenu, peu des jours au paravant, de la Cour; Samedi, il avait conféré avec la Prince de la Paix;" . . . .

⁴) Bericht Gennottes, a. a. O. Nr. 10. Madrid le 22 7bre 1806.

⁵) „Dernièrement . . . . je fis la Cour au Prince de la Paix" schreibt Gennotte am 25. September. Siehe Anhang Nr. II. P. S. ad Nr. 10.

Majestät mit allen Mächten gleichmässig zu erhalten wünsche. Er fragte, ob ich Neuigkeiten über den Herrn Grafen von Eltz [1]) hätte; ich erwiderte, dass ich ihn Tag für Tag erwarte". „Ich habe ihm", entgegnete er, „das, was eintrat, vorausgesagt; meiner Seele", fügte er hinzu, „bei dem jetzigen Stande der Dinge muss jede an Frankreich grenzende Macht sich glücklich schätzen, ihre politische Existenz zu erhalten, müsste sie auch ein Drittel ihrer Besitzungen opfern."
„Da wechselte er plötzlich den Gesprächsstoff."

Während nun der Friedensfürst seine Furcht vor Frankreich also offenbarte, versicherte man Gennotte, es hätten grosse Conferenzen stattgefunden, um die Frage zu lösen, wie man einige Geldmittel aufbringen könnte, und welche Politik man unter den gegenwärtigen Verhältnissen einschlagen sollte. Schon damals gab es Anzeichen, dass der Friedensfürst gegen Frankreich Stellung nehme, aber Gennotte schenkte denselben keinen Glauben. [2]) Am 30. September fragte Godoy den österreichischen Geschäftsträger direct, welche Partei Österreich bei dem unvermeidlich scheinenden Kriege im Norden ergreifen würde. [3]) Am 29. September und 2. October hatte Baron Stroganow abermals lange Conferenzen mit dem Friedensfürsten, die selbst in weiteren Kreisen Aufsehen erregten. „Es sei die Ansicht

---

[1]) Emerich Joseph Philipp Johann Nepomuk Graf zu Eltz bekleidete schon vom Ende des Jahres 1802 bis ins Jahr 1805 den Gesandtschaftsposten in Madrid und sollte im September 1806 wieder dahin gehen, doch nahm der Wiener Hof, vielleicht infolge französischer Intriguen, davon Abstand. Trotzdem erscheint er in den Schematismen von 1807 und 1808 als k. k. Botschafter in Madrid.

[2]) Gennotte an Stadion, a. a. O., Nr. 12. Madrid le 29 7bre 1806. — Chiffern): .... Il y eut m'assure-t-on des grandes conférences sur les moyens de rassembler quelques sommes et sur le Système politique à suivre dans la situation présente des Affaires. Le Devouement du prince de la paix à la France (malgré certaines apparences sur lesquelles le Ministère Russe parait trop compter) semble l'avoir emporté sur toute autre Considération et sur le voeu de la nation; par le fait cette Cour accéde à ce que la france nomme son sistême federatif; l'Espagne va faire cause commune avec elle contre le Portugal."......

[3]) Gennotte an Stadion, a. a. O. Nr. 13. Madrid le 2 8bre 1806. — „Il m'a dit qu'il regardoit la guerre dans le Nord comme inévitable; Sur ce qu'il me demandoit quel parti suivroit notre Cour? je lui ai répondu qu je n'en étois pas officiellement instruit; mais que si les apparences et les lettres particulières pouvoient mériter quelque confiance il y avoit lieu de croire qu'elle se décideroit pour le maintien d'une parfaite neutralité."

ganz begründet", schreibt Gennotte am 9. October ¹), „dass ersterer sogar einige ernste Schritte zu Gunsten Portugals machte. Die spanische Regierung habe ihre Rüstungen durch die Anwesenheit des englischen Geschwaders im Tajo gerechtfertigt". „Baron Stroganow unterbreitete dem Friedensfürsten auch Pläne, die gegen Frankreich gerichtet sind, und entwickelte Ideen, die er sehr umfassend nannte. Man könnte aus diesen Unterredungen schliessen, dass der Friedensfürst beabsichtige, Spanien eine entsprechende Stellung, einen ehrenhaften Frieden mit England und eine Neutralität zu verschaffen, die nach und nach alle Schläge, welche dieses Reich erlitten hat, heilen könnte." Am 4. October hat der russische Bevollmächtigte dem Könige von Spanien mehrere Briefe des Kaisers von Russland übergeben und in den Gemächern des Königs eine lange Unterredung mit der Königin gehabt. Argüelles wurde nach Lissabon und London gesandt. ²) Vom 5. October ist die Proclamation datiert.

Über die Details seiner Conferenzen mit dem Friedensfürsten machte Baron Stroganow dem österreichischen Geschäftsträger im Juni 1807 folgende Mittheilungen ³): „Die Vorstellungen des Petersburger Hofes hätten den Friedensfürsten und durch ihn den König von Spanien bestimmt, sich mündlich bereit zu erklären, dass Spanien, wenn Frankreich in einen neuen Continentalkrieg verwickelt würde, einen Separatfrieden mit England auf Grund des Status quo schliessen und das System einer bewaffneten Neutralität unter folgenden Bedingungen annehmen würde: Im Falle, dass Spanien wegen Annahme dieses Systems von Frankreich angegriffen würde, wird ihm die Integrität aller seiner Besitzungen von England und Russland garantirt und im Bedarfsfalle die nöthige Unterstützung gewährt werden. Spanien hat Portugal sofort zu veranlassen, zur Erhaltung dieser Neutralität beizutreten; Etrurien wird als Königreich anerkannt und sein Besitz der jetzt dort regierenden Familie zugesichert; wird Neapel erobert, so wird man sich

---

¹) Siehe Anhang Nr. IV.

²) Dies geschah am 4. October. So berichtet wenigstens Hermann Baumgarten in seiner „Geschichte Spaniens vom Ausbruch der französischen Revolution bis auf unsere Tage". I. S. 141.

³) Gennotte an Stadion, a. a. O. 173 B₁, Nr. 62. — Aranjuez 15 Juni 1807. — Anhang Nr. VI.

freundschaftlich verständigen, damit der Besitz der beiden Sizilien der Familie des Königs Ferdinand erhalten bleibe. — Das britische Ministerium habe sich bereit gezeigt, unter diesen Bedingungen Frieden zu schliessen, vorausgesetzt, dass englische Truppen einige Besitzungen Spaniens in Westindien occupierten als Garantie für dessen Absichten und Verpflichtungen bis zum Frieden Englands mit Frankreich. ¹) Russland seinerseits sei darauf bestanden, dass im Falle es direct in einen Krieg mit Frankreich träte, der Madrider Hof sich verpflichte, mit all seinen Kräften und mit Hilfe der Mittel, die man ihm schicken würde, die südlichen Provinzen Frankreichs anzugreifen." Uebrigens verhandelte damals auch der spanische Gesandte in St. Petersburg mit dem russischen Minister über diesen Gegenstand, ²) Zu einem förmlichen Vertrag scheint es aber weder hier noch dort gekommen zu sein. ³)

---

¹) Übrigens scheint England zuerst Anträge gemacht zu haben. Schon anfangs Juli schlug Lord Yarmouth Izquierdo vor, getrennt von Frankreich einen Frieden zwischen England und Spanien abzuschliessen. Da aber damals grosse Übereinstimmung in den Verhandlungen Yarmouth' mit Talleyrand herrschte, so fürchtete Izquierdo, es könnte ihm eine Falle gestellt werden und der Vorschlag nur dazu dienen, die Absichten und Ideen der spanischen Regierung zu sondieren. Er antwortete daher dem Engländer, er würde, wenn er König von Spanien wäre, nicht eher mit den Engländern in Unterhandlung treten, bis ihm diese die im tiefsten Frieden genommenen Fregatten, Trinidad und Gibraltar zurückgegeben hätten. — Worauf Yarmouth andeutete, dass die Abtretung Gibraltars seine Steinigung in den Strassen Londons zur Folge haben würde. — Lafuente, a. a. O., XVI., Seite 181.

²) Es wird hievon noch später die Rede sein.

³) Es war dies nicht das erstemal, dass Russland in die Politik Spaniens einzugreifen suchte. Schon im Jahre 1798 trachtete es darnach, Spanien von der Republik zu sondern, allerdings ohne Erfolg. Ja im Sommer 1799 kam es zwischen Spanien und Russland sogar zum Kriege, der aber höchst unblutig verlief. (Lafuente, Historia general XV. S. 342 ff.) Im Jahre 1803 suchte Russland abermals Einfluss zu gewinnen. Als sich im Laufe dieses Jahres die Lage Spaniens sehr gefährlich gestaltete, da beklagte sich Talleyrand wiederholt über die Vermittlung Russlands, „welche Europa und die Leute nur mit eitlen Hoffnungen erfüllt und zum Schaden aller Welt stets eine Friedenstäuschung erhält, aus der wir gar keine Vortheile ziehen können". (Lettres inédites de Talleyrand à Napoléon N⁰ XXXII, XXXIII und XXXIV vom 3., 5. und 9. August 1803.) Im Jahre 1804 schreibt dann Fürst Adam Czartoryski in einem Artikel zur Ordnung der Angelegenheiten Europas nach einem glücklichen Kriege: „Überdies gebe es drei ansehnliche Complexe als vermittelnde Gegengewichte, von denen jeder seinen eigenen Bund hätte, nämlich: Spanien und

Es war auch wichtig, welche Stellung Österreich den neuen Verwickelungen im Norden gegenüber einnehmen würde. Die spanische Regierung hatte in den letzten zehn Jahren keineswegs eine diesem Staate freundliche Politik verfolgt. Schon 1795 war der Friedensfürst bemüht, den österreichischen Einfluss in Italien möglichst zu vermindern und den spanischen an dessen Stelle zu setzen[1]. So dürften die Differenzen zwischen Spanien und Neapel hauptsächlich darin ihren Grund gehabt haben, dass der Einfluss Österreichs daselbst viel bedeutender war, als der Spaniens. Im Jahre 1798 hat sich dasselbe allerdings bemüht, die Missverständnisse zwischen Österreich und der Republik zu beseitigen. So trug der spanische Gesandte in Berlin, Muzquiz, dem österreichischen Gesandtschaftssecretär Hudelist seine Vermittlung zu Gunsten Österreichs an.[2] Dagegen verrieth nach den Aussagen Talleyrands der Vertreter Spaniens am Wiener Hofe, Campo Alange, den Feldzugsplan der Coalition von 1799 an die Republik[3]. Im Jahre 1801 wurde dann der Sohn des Herzogs von Parma mit Toscana entschädigt und trat seine Herrschaft daselbst an, wie früher auseinandergesetzt wurde. Kaiser Franz hätte wohl allen Grund gehabt, über das Vorgehen des spanischen Hofes sehr ungehalten zu sein. Aber gerade damals gab er einen Beweis seines Wohlwollens und seines Wunsches, mit jenem Hofe in Zukunft im besten Einvernehmen zu leben, in der Instruction für den Grafen von Eltz[4]. Kaum war der Feldzug von 1805 beendet, als der Kaiser abermals bei der ersten Gelegenheit betonte, wie sehr ihm das gute Einvernehmen mit Spanien am Herzen liege.[5]

Portugal, Italien und Deutschland im eigentlichen Sinne des Wortes. Die drei Complexe hätten das grösste Interesse, sich fest an Russland und England zu schliessen und ihren Einfluss zu erhalten, während es anderseits im Interesse dieser beiden Mächte läge, sie zu vertheidigen und zu befestigen. (M. Ch. de Mazade: Mémoires du Prince Adam Czartoryski et correspondance avec L'Empereur Alexandre Ier, Paris, Librairie Plon 1887—II. S. 64.)

[1] Albert Sorel, La Diplomatie française et l'Espagne i. d. Revue historique XIII, S. 254.

[2] Publicationen a. d. k. preuss. Staatsarchive VIII. (Baillen: Preussen und Frankreich I.) S. 548 ff (5. Anhang. Urkunden Nr. 13, 14).

[3] G. Pallain, Le Ministère de Talleyrand sous le Directoire. S. 316, Anm...

[4] Das Original befindet sich im geh. H. H. St. A. in Wien.

[5] Zur Zeit nämlich, da die Franzosen während dieses Feldzuges gegen Porto Re vordrangen, lag in diesem Hafen das königlich spanische Fahrzeug

Als nun Godoy im September 1806 zweimal die Stellung Österreichs zu erforschen suchte, konnte ihm Gennotte keine officielle Antwort geben; sprach aber seine Meinung dahin aus, dass der Wiener Hof neutral bleiben werde. [1])

Doch gab es damals wirklich Differenzen zwischen Österreich und Frankreich. Zunächst wegen der Grenze am Isonzo und der Festung Braunau, dann wegen des Königs Joseph von Neapel. Napoleon forderte nämlich, dass Österreich denselben anerkenne und einen Vertreter an dessen Hof sende. Graf Stadion übersandte nach einer Unterredung mit dem französischen Gesandten Larochefoucauld dem Grafen Metternich am 27. August 1806 eine Weisung [2]), in welcher es unter anderem hiess: „Ich muss Sie bitten, Herr Graf, zu erwähnen, dass der Kaiser Napoleon zu gut die Gründe des Zartgefühls und der Schicklichkeit kenne, die unseren erhabenen Herrn binden, um nicht zuzugestehen, dass es ebenso gerecht als angemessen wäre, wenigstens das Beispiel des spanischen Hofes abzuwarten, der fast in demselben verwandtschaftlichen Verhältnisse und in einem Freundschaftsbunde mit Frankreich steht." Der spanische Botschafter in Wien, der Herzog Castell-Franco, dürfte hievon Kenntniss erhalten haben. Möglich, dass der Friedensfürst

---

St. Justina. Um es den Franzosen zu entziehen, sollte es nach Venedig gebracht werden. Der gegebene Befehl wurde aber missverstanden, die Mannschaft wurde von den Österreichern in Kriegsgefangenschaft gesetzt und das Schiff schliesslich versenkt. Daraufhin belegte die spanische Regierung alle in spanischen Häfen befindlichen österreichischen Schiffe mit Beschlag. Graf Stadion trug nun am 24. Februar 1806 seine Meinung über diesen Vorfall dem Kaiser Franz vor. Es sei nicht nur eine erklärende Antwort abzugeben, sondern auch voller Schadenersatz zu leisten. Die diesbezügliche kaiserliche Entschliessung lautet: „Nicht nur allein billige Ich den Entwurf, der dem spanischen Botschafter zu ertheilenden Antwort, sondern gebe Ihnen Meinen Willen bestimmt dahin zu erkennen, dass alle Genugthuung und Schadenersatz ebenso schleunig als willfährig zu leisten, sohin dieses widrige Ereigniss so schnell, als es nur immer geschehen kann, beizulegen und das für die Handelsverhältnisse der Monarchie sehr wichtige gute Einvernehmen mit Spanien wieder herzustellen sey. Dabei ist sich aber auch für die in spanischen Häfen angehaltenen Schiffe nachdrücklichst zu verwenden, damit ihnen diese nur aus Irrthum entstandene Vorfallenheit zu keinem Nachtheile gereiche". — (Vortrag Stadions an den Kaiser Franz vom 24. Februar 1806 im H. H. St. A.).

[1]) Siehe Seite 31, Anmerkung 3.
[2]) Weisungen Stadions an Metternich (H. H. St. A.) Nr. 3, Anhang Nr. X.

darauf baute und die Entzweiung Österreichs und Frankreichs für bedeutender hielt, als sie war.

Die grössten Hoffnungen aber setzte er in die preussische Armee, die er, wie so viele Zeitgenossen, für die beste des Continentes hielt. Er trachtete also darnach, sich mit dem Berliner Hofe in Verbindung zu setzen. Näheres hierüber ist mir aber nicht bekannt.[1]

---

[1] Einige Notizen finden sich im Berichte Nr. 62 Gennottes an Stadion. Siehe Anhang V, S. 70, Mitte.

§. 3. Abrüstung. — Das Blockadedecret. — Das spanische Hilfscorps. Der Vertrag und die Convention von Fontainebleau.

Die Proclamation und das Circulare an die Behörden alarmierten Paris. Man erblickte darin eine Kriegserklärung an Frankreich[1]). Napoleon selbst erhielt die Proclamation Mitte October. Er stellte sich durch die Erklärung, dieselbe sei gegen Portugal und England gerichtet, ganz befriedigt. Ja, am 24. November 1806 schrieb er sogar an Fouché: „Ich erhielt Ihren Brief vom 17. Ich weiss nicht, wo Sie in Paris entziffert haben, dass Spanien gegen Frankreich sei. Das ist ein Einfall der Engländer, um Sie zu beunruhigen"[2]). Trotzdem glaube ich, dass Napoleon damals schlüssig wurde, die Bourbonen aus Spanien zu entfernen. Hervorragende Zeitgenossen haben diese Ansicht ausgesprochen[3]). Doch soll damit nicht behauptet werden, dass er nicht schon früher daran gedacht habe. Wenigstens hat er Drohungen ausgestossen, die darauf schliessen liessen. Nach dem Erscheinen der Proclamation und des Circulares aber zeigt sein Verhalten gegen Spanien, dass er diesem Ziele planmässig zustrebte. Die Proclamation vom 5. October 1809 bezeichnet also, wie ich meine, eine Epoche in der neueren Geschichte Spaniens.

In Spanien wurden unterdessen die Rüstungen eifrigst weiter betrieben. Da aber die Geldmittel fehlten, so wurde ein Zwangsanlehen gemacht, wobei Catalonien auf 2 Millionen, das Königreich Valencia auf 600.000 Gulden geschätzt wurde und der Rest des

---

[1]) Izquierdo an den Friedensfürsten. Lafuente. a. a. O. XVI. S. 185.

[2]) Napoléon I. Correspondance XIII, Nr. 11301.

[3]) So Talleyrand (Mémoires I. S. 307 ff.), Madame Junot (Mémoires IX, S. 225f), Du Casse (Mémoires du Roi Joseph, 2. Ausgabe 4. B. S. 253 f) und Madame Remusat (Mémoires III, S. 365). Remusat behauptet, Napoleon habe die Proclamation auf dem Schlachtfelde von Jena erhalten, Talleyrand, in Berlin. Dieser schreibt am a. O.: „Napoléon était déjà à Berlin, quand il reçut une proclamation imprudente du prince de la Paix qui semblait annoncer une prochaine défection de l'Espagne. Il jura dès lors de détruire à tout prix la branche espagnole de la maison de Bourbon; et moi, je jurai intérieurement de cesser à quelque prix que ce fût, d'être son ministre dès que nous serions de retour en France. Il me confirma dans cette résolution par la bartarie avec la quelle. à Tilsitt, il traita la Prusse quoiqu'il ne m'en fût pas l'instrument.

Landes in solchem Verhältniss, dass man rechnete, es würden sicherlich 20 Millionen Gulden in die Cassen einfliessen [1]).

Da kamen Nachrichten von den Ereignissen im Norden, welche Aufsehen erregten. Anfangs November setzte denn Gennotte auf Grund einer Weisung Stadions die spanische Regierung officiell von dem Entschlusse des Wiener Hofes, vollständig neutral zu bleiben, in Kenntnis [2]). Ausserdem brachten zwei Couriere beunruhigende Nachrichten aus Paris.

Die Recrutierung und die Rüstungen wurden zwar noch fortgesetzt, scheinen aber infolge des öffentlichen Misstrauens gegen die Regierung wenig Erfolg gehabt zu haben. Die öffentliche Meinung sprach sich für einen sicheren Frieden mit England und die Annahme einer vollständigen Neutralität aus. Um das Publicum zu beruhigen, erschien eine Broschüre, welche der Madrider Hof verbreiten liess.

---

[1]) Genotte an Stadion, a. a. O. Nr. 20. — Madrid le 30 8bre 1806.
[2]) Stadion an Gennotte (Original im II. H. St. A., Spanien Corr. 172 A_2).
Sie lautet:

„Hochedelgeborner

insonders geehrter Herr Geschäftsträger!

Da die seit Kurzem eingetrettenen, allgemein bekannten Zeiterereignisse die Möglichkeit neuer kriegerischer Auftritte nicht ohne Grund besorgen lassen und bereits gegenwärtig von mehreren Seiten längst der böhmischen Gränze Zusammenziehungen und Bewegungen von beträchtlichen fremden Armeen wirklich vor sich gehen, so haben S^e Majestät, um Ihren Staaten die Fortdauer der Segnungen des Friedens, und Ihren geliebten Unterthanen, die nach so vielem erduldetem Kriegsungemach unumgänglich nöthige Ruhe und Erholung zu versichern, sich entschlossen, in der gegenwärtigen Konjunktur, zur unabweichlichen Richtschnur Ihres Benehmens, den Grundsatz der strengsten Neutralität gegen sämtliche kriegführende Mächte dergestalt anzunehmen, dass die Gränze gegen jeden Versuch irgend einer militärischen Operation, gegen jeden Durchmarsch hinlänglich geschlossen seyn, und somit nicht der Schauplatz irgend einer Unternehmung dieser Art werden könne.

In dieser Hinsicht war die Aufstellung eines Armeecorps in Böhmen unvermeidlich und ist diese daher von Sr Majestät in einer blos auf eigene Vertheidigung berechneten Centralposition wirklich angeordnet, zu gleicher Zeit aber den Höfen von Paris, Berlin und St. Petersburg die angemessene Eröffnung gemacht worden, um einer Seits über die wahren Gesinnungen des hiesigen Kabinets keinen Zweifel übrig zu lassen und anderer Seits jeder Möglichkeit einer Missdeutung der hierorts genommenen Massregel vorzubeugen.

Der Verfasser kommt zu dem Ergebnis, dass die Anglomanen ihre Neigung für England aufgeben sollen, ein Beweis, dass der Friedensfürst wieder für die Allianz mit Frankreich Stimmung machen wollte. Denn schon befürchteten alle Verständigen in Spanien mehr als je, dass alles was sich ereigne, nächstens und von allen Seiten eine grosse und traurige Katastrophe heraufbeschwören werde¹). Und so wurden, trotzdem die Briefe aus Frankreich fortwährend beunruhigend für Spanien lauteten, die ausserordentlichen Rüstungen Ende November eingestellt, wahr-

---

Euer Hochedelgeboren werden auf ausdrücklichen Befehl Sr Majestät von allen diesen Umständen zu dem Ende unterrichtet, um hievon bei dem königlich Spanischen Ministerium jenen freundschaftlichen Gebrauch zu machen welcher den zwischen den beiden Höfen so vergnüglich bestehenden Verhältnissen angemessen ist, und auch sonst dero Sprache und Benehmen darnach einzurichten."

Ich geharre mit vorzüglicher Achtung
Euer Hochedelgeboren
ergebener Diener
Wien den 8. October 1806.   Stadion.
An des Hr. Genotte Hochedelgeb.

1. Gennotte an Stadion. a. a. O. Nr. 24. — Madrid le 24 9bre 1806: (Chiffern : .. „Deux Couriers successivement expediés par l'Ambassadeur d'Espagne à Paris en apporterent des dépêches sur lesquelles on garde le sécret; . . . depuis l'arriveé de ces Couriers on apperçoit à la Cour et dans le Ministére plus d'inquiétude que jamais; . . . Entretems le recrutement et l'armement sont poussés avec une activité redoublée; il aurait plus de succés, si la confiance publique ne manquait tout à fait au Ministère; . . . . . Le public Espagnol se prononce fort pour une prompte paix avec L'Angleterre, pour l'adoption et le maintien d'une neutralité absolue. Dans la vue de calmer ces clameurs, la Cour de Madrid a fait repandre la Brochure que j'ai l'honneur de présenter ci-joint à Votre Excellence . . . le public en a saisi avec avidité le passage marqué dans la Page 11; cela appuye ce que j'ai dit de son opinion et semble repondre quelques Lumiéres sur les premiers projets de la Cour de Madrid en faisant des Armemens réellement extraordinaires; mais ce qui suit ce même passage parait indiquer qu'il cherche aujourd'hui à se montrer dans bien d'autres dispositions en conséquence des evénemens qui se développent dans le Nord: tous les gens sensés en Espagne craignent plus que jamais que tout ce qui se passe n'attire bientôt et de tout côté sur ce pays une grande et funeste Catastrophe." — Die erwähnte Broschüre ist betitelt: „Reprehension amistosa à los Anglomános sobre su modo de pensar. Por un Español afecto à su pátria." Besonderes Aufsehen erregten folgende Sätze: „Euer Souverän erklärt an irgend eine Nation Krieg: Genug, sie sind von diesem Augenblicke

scheinlich auf Grund einiger Weisungen der französischen Regierung¹).

Der Friedensfürst konnte kaum hoffen, dass Napoleon durch die Deutung, welche er der Proclamation gab, befriedigt sein werde. Er machte sich also auf einige finanzielle Opfer gefasst. Die Mittel hoffte er sich durch Izquierdo in Amsterdam zu verschaffen. Es waren bereits mit dem Hause Hope die Bedingungen einer Anleihe festgesetzt worden, als das Ganze aufgehoben und der Entscheidung des Kaisers unterworfen wurde, wahrscheinlich aus politischen Gründen und wegen der Absichten, die Napoleon hinsichtlich Spaniens hegte²).

Die spanische Regierung musste sich zu viel härteren Bedingungen verstehen. Am 21. November 1806 hatte nämlich Napoleon das berühmte Decret erlassen, welches England als im Blockadezustand befindlich erklärte.³) Im Artikel 10 dieses Decretes heisst es, das französische Ministerium des Auswärtigen habe davon die Könige von Spanien, Neapel, Holland und Etrurien in „Kenntnis zu setzen," das bedeutete, die Bestimmungen des Decretes sollten auch auf diese Länder ausgedehnt werden. Dem suchte sich der Friedensfürst zu entziehen, denn diese neue Massregel rief nicht nur grossen Schrecken unter den französischen Kaufleuten hervor, sondern auch energische Gegenmassregeln von Seite der Engländer.⁴) Der

---

euere Feinde. — Er macht hernach Frieden: Gut, behandelt sie künftig mit der schuldigen Freundschaft und im guten Einverständnisse. Er erklärt sich mit der Zeit gegen die Nation, mit der er früher alliiert war: Zu Ende ist die Freundschaft. Ihr dürft euch nicht mehr an die alte Allianz erinnern, sondern daran, dass die Leute, welche sie zusammensetzen, sich in euere Feinde verwandelt haben, bis Friede geschlossen wird: — Das ist das feste Benehmen in der Politik, das jeder Unterthan, der seine Pflicht gegen seinen König, sein Vaterland und die Stimme seines Gewissens erfüllen will, einhalten muss."

¹) Gennotte an Stadion, a. a. O. P. S. ad Nr. 25. — Madrid le 1er Xbre 1806.

²) Gennotte an Stadion, Nr. 28. — Madrid 25 Xbre 1806. Siehe Anhang Nr IV.

³) Napoléon I. Correspondance XIII. N° 11203.

⁴) Metternich an Stadion Nr. 16 B. — Paris, 19. December 1806. Anhang Nr. VIII. — Der Gedanke, den Engländern die Häfen zu schliessen, war alt. Ich möchte hier nur einige Sätze aus einem Berichte Sieyès an Talleyrand vom 14. Juli 1798 (Publicationen a. d. k. preussischen Staatsarchive VIII, S. 481) citieren..... La politique de la France ne peut pas être de laisser disparaitre ni

spanische Handel, der in den letzten Jahren ohnehin sehr schwer
geschädigt worden war, erhielt, falls dieses Decret auch in Spanien
inkraft gesetzt wurde, einen neuen schweren Schlag, ebenso wie das
Privatinteresse des Friedensfürsten, da England das Hauptabsatz-
gebiet für seine Wolle war. — So lavierte derselbe zwischen England und Frankreich. Diesen Moment benützte Baron Stroganow, um
seine Action neuerdings zu beginnen, denn Russland hatte noch
nicht die Hoffnung aufgegeben, Spanien auf seine Seite zu ziehen.
Am 23. December hatte der Friedensfürst im Escurial eine lange
Conferenz mit dem Vertreter Russlands, worauf dieser einen seiner
Secretäre möglichst unbemerkt nach London sandte. Es ist sehr
wahrscheinlich, dass diese Sendung auf die Stellung Bezug gehabt
hat, die Spanien der Blockierung gegenüber annehmen wollte:
vielleicht, dass es hoffte, auf indirectem Wege vom Londoner Hofe
Schonung zu erfahren.[1]) Andererseits liess der Friedensfürst bei der
französischen Regierung Vorstellungen erheben, damit das Blockadedecret nicht auch auf Spanien ausgedehnt würde, wie Gennotte am
16. Februar 1807 berichtet.[2]) Eine grosse Unsicherheit, ein Hin- und
Hertasten in der Politik macht sich jetzt in Madrid geltend, was aus
öfteren Conferenzen bald mit dem Vertreter Frankreichs, bald mit
jenem Russlands zu erkennen war.[3]) Da erschien am 12. Februar ein
Courier aus Paris, der so bestimmte Befehle hinsichtlich des Handels
mit England brachte, dass jede weitere Unterhandlung unnütz wurde.

même de laisser trop s'affaiblir ce tiers-parti de l'Allemagne, ces états indépen-
dants qui doivent être ses futurs alliés les plus intéressants, ses protégés nécessaires. Avec eux, la République tiendra sous son influence les côtes occidentales de l'Allemagne, la portion du globe la plus importante pour nous, quand
on songe que par ce moyen le Directoire poura à son gré fermer au commerce
anglais tous les marchés, tous les ports du continent depuis Gibraltar jusqu'au
Holstein ou même jusqu'au Cap-Nord.

[1]) Gennotte an Stadion, a. a. O. Nr. 28. — Madrid le 25 Xbre 1806.
Siehe Anhang Nr. IV.

[2]) Gennotte an Stadion, a. a. O. Spanien. Corr. 173 B. Nr. 38 — Madrid le
16 fevrier 1807.

[3]) Gennotte an Stadion a. a. O. 173 B. Nr. 34 — Madrid 26ter Jener 1807
[Chiffern]: „.....Der Friedensfürst pflegt sowohl mit dem französischen Botschafter, als mit dem russischen bevollmächtigten Minister, jedoch einzeln,
öfter und lange Konferenzen zu halten, wovon die entgegengesetzten Gegen-
stände Eurer Excellenz aus meinen unterthänigsten früheren Berichten nicht
unbekannt sein sollen."

Am 19. Februar erliess daher der Friedensfürst ein den Handel mit England betreffendes Circulare, das aber erst am 14. März dem diplomatischen Corps mitgetheilt wurde. Dadurch wurden nicht nur alle in Spanien befindlichen englischen Waren als confisciert erklärt, sondern auch alle Schiffe, unter welcher Flagge sie auch segelten, welche Waren für England hatten oder von dort brachten, als gute Prise ausgegeben. Ja selbst, wenn sie auf hoher See von spanischen Kriegsschiffen oder Corsaren angetroffen wurden, oder wenn sie keine für England, sondern nur für englische Besitzungen bestimmte Ladungen hatten, sollten sie als gute Prise angesehen werden;[1] doch sagte Herr Cevallos, der Minister des Auswärtigen, zu Herrn Stroganow, die spanische Marine sei derzeit durchaus nicht in der Lage, Fahrten auf hoher See zu unterhalten.[2] Die Vertreter der auswärtigen Mächte brachten nun beim Friedensfürsten und Herrn Cevallos der Reihe nach ihre Beschwerden und Proteste vor, bei deren Beantwortung sich zeigte, in welche Verlegenheit der Madrider Hof durch das Blockadedecret versetzt worden war. So behauptete der Friedenfürst dem österreichischen Geschäftsträger gegenüber, welcher ihn um Aufklärung über die Verschiedenheit bat, die zwischen dem Circulare und einer Note des Herrn Cevallos zu bestehen scheine, durch das Gesetz werde nur die Confiscation jener englischen Waren gefordert, welche in spanischen Häfen oder nahe den Küsten angetroffen wurden. Von der hohen See sei keine Rede; als dann Herr Gennotte auf die zwischen Österreich und Spanien bestehenden Verträge verwies, meinte der Friedensfürst, die seien alt und nicht mehr anwendbar, weder mit Rücksicht auf die gegenwärtigen Zeitläufte, noch mit Rücksicht auf die augenblicklichen ausserordentlichen Verhältnisse; übrigens seien alle Vorstellungen ganz nutzlos, da er Grund habe zu glauben, dass Österreich entweder bereits ein Alliierter oder ein Feind Frankreichs sei.[3] Auch

---

[1] Das Circulare liegt nicht bei. Ich suchte daher den Inhalt desselben aus dem Berichte Nr. 45 und aus dem Post-Scriptum zu Nr. 46 zu reconstruieren.

[2] Gennotte an Stadion, a. a. O. 173 B P. S. ad Nr. 46. — Madrit le 19 Mars 1807 (Chiffern): .... „Mr. Cevallos avoit ajouté, que dans le moment actuel la Marine Espagnole n'etoit guères en état de tenir la Navigation en pleine Mer" (erzählt Baron Stroganow dem österreichischen Geschäftsträger).

[3] Gennotte an Stadion, a. a. O. 173 B. Nr. 45. — Madrid le 16. Mars 1807: (Chiffern): .... „Les Ministres et les chargés d'affaires des Puissances neutres et des Puissances amicales de l'Espagne quoique belligerantes vis-à-vis de la

Baron Stroganow hatte Mitte März Conferenzen mit dem Friedensfürsten und Herrn Cevallos, welche aber bezüglich der Bestimmungen des Circulares ohne Erfolg blieben. Nur dem Geschäftsträger der Vereinigten Staaten von Amerika gegenüber sprach ersterer die Hoffnung aus, bald zufriedenstellende Erklärungen bieten zu können.[1])

France confererent sur cet objet, et des Pieces redigées par le Prince même tous convenoient que ces dispositions étoient trés obscures, et qu'elles s'étendoient bien au de la de celles da la Loi du Blocus publié par le gouvernement françois; que c'etoit le cas de demander chacun en particulier, mais verbalement au Prince des Explications à cet égard; qu'il n'etoit pas prudent de fa're cette Demande par Écrit pour ne point provoquer dans la Situation présente des affaires à l'avance sans Necessité urgente qui pourroient par la suite être préjudiciable et sur les quelles dans ce Païs-ci on auroit toujours de la peine à faire revenir le gouvernement; . . . . Je suivit bientôt, après avoir vû le Prince de la Paz; dans l'Audience, qu'il me donna ce matin, je le priai de me permettre . . . . de lui demander quelques Eclaircissemens . . . . ; sur ce que j'insistai, afin qu'il voulut bien au moins m'éclairer sur la Différence, qui paroit exister entre la Circulaire et la Note de Mr Cevallos; il me dit, qu'il n'avoit entendû décreter, que la confiscation des Propriétés angloises, qui seroient rencontrées dans les Ports d'Espagne ou sur ses côtes; qu'il n'y étoit point question de rencontre en pleine Mer: je repliquai, que la Note du Ministre des affaires étrangères étoit générale, je lui parlai de nos Traités; il reprit confidement, qu ils étoient anciens, qu'ils n'étoient guères plus apliqués, ni au tems actuel ni aux circonstances extraordinaires du Moment; qu'au reste toutes Représentations à ce Sujet seroient d'autant plus inutiles de ma Part, qu'il avoit lieu de croire qu'à l' heure, où il me parloit, la maison d'Autriche étoit alliée ou enemie de la France" . . . . — Die mehrfach erwähnte Note des Herrn Cevallos, ausgestellt in Aranjuez am 13. März 1807, lautet: „Mui Senor mio: El Serenisimo Senor Principe Generalisimo Almirante autorizado por S. M. á el efecto ha circulado en 19 de Febrero ultimo la Orden, cuya copia impresa acompano á los Gefes de las Provincias, á los de los Departementos y Bageles tanto en Europa como en America para que toda propriedad inglesa sea confiscada sin limitacion alguna, y que en todos los dominios de S. M. se entienda y observe respecto de los Ingleses el decreto expedido por el Emperador de los franceses y Rey de Italia en 21 de Noviembre del año proximo pasado relativo á los propios objetos y tengo la honra de pasar de Orden del Rey mi Amo la expresada Copia impresa a manos de V. S. para su inteligencia y que se sirva communicante á su Corte" . . . .

[1]) Gennotte an Stadion, a. a. O. 173 B$_1$, Nr. 58 — Aranjuez le 25 May 1807: . . . „Mr. Le P^{ce} de la Paix, la semaine passée avant de s'absenter d'ici où il ne doit revenir que le 28, avoit donné au chargé d'affaires d'Amerique quelques espérences que ces explications seroient satisfaisantes" . . . .

So erfuhr der Madrider Hof durch seinen Beitritt zur Blockierung Englands nur eine Reihe grosser Unannehmlichkeiten, die, falls die mit Spanien befreundeten Mächte etwas weniger rücksichtsvoll gewesen wären, leicht zu ernsten Auseinandersetzungen hätten führen können. Trotz des Handelsvertrages von 1725 und der ewigen Allianz von 1752 wurden mehrere österreichische Schiffe von spanischer Seite gekapert und mit Beschlag belegt, was zu langwierigen Processen führte. Die österreichische Regierung liess alle Schritte zu Gunsten ihrer Unterthanen unternehmen, ohne ihre guten Beziehungen zu Spanien aufzugeben. Man beurtheilte eben damals die Verhältnisse dieses Landes in Wien ganz richtig. Heftige Noten hätten nur die Verlegenheit, in welcher sich die spanische Regierung befand, vermehrt, ohne für Österreich von Nutzen zu sein.

Es wurde schon erwähnt, dass das Blockadedecret den spanischen Handel schwer treffen musste, was nicht ohne Rückwirkung auf die Finanzen bleiben konnte.[1] Der traurige Zustand derselben wird von Lafuente ausführlich geschildert.[2] Ich will nur einige Daten hinzufügen, welche auf den Handel und die Finanzen Spaniens Bezug haben und von Gennotte näher beleuchtet werden.

Im Juni 1806 hatte Spanien den schwedischen Schiffen auf eine Weisung Napoleons die Häfen gesperrt.[3] Die Reclamationen des schwedischen Ministers blieben erfolglos, und daher nahm dieser anfangs September seine Pässe, um nach Lissabon abzureisen. Durch den Abbruch der Handelsbeziehungen hatte Spanien viel mehr zu verlieren als Schweden; denn es schloss dadurch ungefähr 700 Schiffe per Jahr von seinen Häfen aus, die ihm aus erster Hand die Artikel, welche es für die Erhaltung seiner Kriegs- und Handelsmarine benöthigte, brachten, während andererseits Schweden ein ausgezeichnetes Absatzgebiet für spanisches Salz, Weine, Früchte, getrocknete Häute, Seide, Wolle, Tücher und Waffen war; Artikel,

---

[1] Gennotte an Stadion, a. a. O. 172 B$_2$, Nr. 27. — Madrid le 15 X^{bre} 1806: ... (Chiffern): ..... „On vient de ma'ssurer qu'il est survenu des entraves de la part du Gouvernement français à la négociation d'un Emprunt en hollande et qu'on exige que la Cour de Madrid accède au blocus de l'Angleterre, ce qui provoquerait le plus funestes et les plus étendus repressailles contre ce Royaume; la consternation est grande et générale; je reviendrai sur ces objets."

[2] Lafuente, a. a. O. XVI, S. 105—126.

[3] Napoléon I. Correspondance XII, Nr. 9817.

die sich Schweden nun aus Portugal, Sardinien und Sicilien verschaffen konnte.[1])

Ende September forderte dann Frankreich sehr dringend 4½ Millionen Piaster von Spanien.[2]) Es war dies wahrscheinlich ein Theil jener 24 Millionen Franken, deren Forderung Napoleon durch gewisse Zahlungsrückstände und für Spanien gemachte Ausgaben motivierte und zu deren Zahlung sich Spanien durch einen Vertrag vom 10. Mai 1806 verpflichtet hatte.[3])

Die Nachricht von der Eroberung Buenos Ayres' durch die Engländer und die Sperrung des Freihafens von Lissabon versetzten dem spanischen Credit einen neuen furchtbaren Schlag.[4]) Dann verschlangen die Rüstungen gegen Frankreich grosse Summen, welche durch die Zwangsanleihe wohl nur zum geringen Theile gedeckt wurden. Die neue holländische Anleihe wurde, wie schon erwähnt, durch Napoleon verhindert. Dagegen gab der Papst seine Zustimmung, dass die spanische Regierung den siebenten Theil der Kirchengüter und der Güter der 4 geistlichen Ritterorden veräussere, der einen Wert von wenigstens 50 Millionen Piaster fortes (etwa 100 Millionen fl. C. M.), nach der Aussage des Nuntius sogar einen solchen von 400,000.000 Gulden gehabt haben soll. Aber bei der grossen Geldnoth, die damals in Spanien herrschte, konnte wohl nur ein bescheidener Theil in klingende Münze umgesetzt werden.[5]) Es war dies also eine geringe Hilfe für die spanischen Finanzen, welche andererseits durch die Ausrüstung eines Hilfscorps für Napoleon eine neue, wenn auch vielleicht nicht allzu bedeutende Belastung erfuhren.

---

[1]) Gennotte an Stadion, a. a. O. 172 B₂, Nr. 4 — Madrid le 4 7bre 1806. — A. a. O. Nr. 5 — Madrid le 8 7bre 1806.

[2]) Gennotte an Stadion, a. a. O. Nr. 10. Siehe Anhang Nr. 1. — Unter Piastern dürften wohl Piastres fortes gemeint sein (1 Piastre forte = 2 fl. 4 kr. C. M.), also etwa 9 Mill. fl. C. M. Dieses Verhältnis gibt Stadion in einer Weisung an Gennotte an (H. H. St. Archiv in Wien. Corr. 172 A₂, Wien 31. December 1806).

[3]) Lafuente, a. a. O. XVI, 97 ff.

[4]) Gennotte an Stadion, a. a. O. Nr. 13, Madrid le 2 8bre 1806.

[5]) Gennotte an Stadion, a. a. O. 173 B, 2. P. S. ad Nr. 42 — Madrid le 5 Mars 1807. — Gennotte an Stadion, a. a. O. 173 B₁, Nr. 60 — Aranjuez 8 de juin 1807. — Gennotte an Stadion, a. a. O. 173 B₂, Nr. 80 — Madrid 22 7bre 1807. — Siehe Anhang Nr. VI.

Am 15. December 1806 nämlich schrieb Napoleon aus Posen an Talleyrand, Spanien möge zur Occupation von Hannover 4000 Mann Cavallerie, 10.000 Mann Infanterie und 25 bespannte Geschütze beistellen, wofür Napoleon dem Könige von Spanien das Versprechen erneuert, die Rückgabe der Colonien zu bewirken. „Die 6000 Spanier, welche in Italien liegen, könnten einen Theil dieses Corps bilden. Sie würden durch Tyrol marschieren. Der andere Theil würde Frankreich durchqueren. Von dem Augenblicke an, als sie italienisches oder französisches Gebiet betreten, würde ich für ihren Unterhalt sorgen; der König von Spanien hätte nur die Löhnung zu bezahlen."

„Durch die Sendung dieses Corps wird sich Spanien vor niemandem bloss stellen, weil es als Hilfscorps unter meinem Befehle stehen wird, und es wird den Vortheil haben, Soldaten auszubilden."

„Spanien und Frankreich können nicht in dieser Lage verbleiben. Zur See dürfen wir keinen Versuch mehr machen, da sind wir am schwächsten; wir müssen zu Land unseren Vortheil verfolgen. Wenn Spanien dieselbe Energie entfaltet, die ich an den Tag lege, werden unsere Projecte ausgeführt werden." [1])

Es war nicht das erste mal, dass man auf französicher Seite daran dachte, Spanien zur Erfüllung dieser Pflicht, die es durch den Vertrag von San Ildefonso auf sich genommen hatte, zu verhalten. Schon im Frühjahre 1799 tauchte dieser Gedanke auf, und es ist interessant zu hören, wie sich Talleyrand zu demselben stellte. Er sagt. man könnte Spanien zwingen, am Kriege gegen Österreich und die anderen Mächte theilzunehmen. Aber man müsste die Unterstützung, die Spanien thatsächlich zu leisten imstande sei, gegen die Unannehmlichkeiten abwägen, die leider nur zu gewiss aus seiner Langsamkeit und seinen gewöhnlichen Formalitäten entstehen würden. Eine andere sehr wichtige Erwägung, durch die Erfahrung mehr als einmal bestätigt, ist, dass Spanien, falls es in offener Weise in diesen Continentalkrieg eintreten würde, im Augenblicke des Friedensschlusses sehr leicht zur Last fallen könnte, und dass das was es der Republik kosten würde, seine Besitzungen und sein Ansehen zu erhalten, vielleicht die geringen Dienste, welche es ihr leisten würde, weit überschreiten würde. — Eine Verbindung der spanischen und französichen Streitkräfte könnte nur in Italien stattfinden. [2])

---
1) Napoléon I. Correspondance XIV, Nr. 11476.
2) Das gilt natürlich nur für das Jahr 1799.

Aber die Feldzüge Ludwig XV. in diesem Lande hätten für immer bewiesen, wie selten man mit Erfolg französiche Armeen mit einer spanischen vereinige. Der Charakter der Befehlshaber und Soldaten sei gänzlich verschieden..... Die Hauptschwierigkeit liege aber in dem gänzlichen Verfall der wirklich vorhandenen und verfügbaren Streitkräfte des Madrider Hofes.[1)]

Im September 1805 liess Napoleon durch Lacépède eine Aufforderung an Spanien ergehen, am Continentalkriege theilzunehmen. Es sollte 2000 bis 3000 Mann nach Livorno und Florenz schicken, um die österreichische Armee an jedem Versuche gegen Etrurien zu hindern und die Königin zu schützen, da die Einwohner österreichisch gesinnt seien. Auch sollte Spanien, wenn dies dem Wunsche des Königs nicht entgegen wäre, 15.000 Mann schicken, die sich am Rheine mit Napoleon verbinden könnten, oder 6.000 zur Vertheidigung von Boulogne, wo dann ebensoviele Franzosen frei würden; dies wäre auch deshalb sehr wünschenswert, weil die spanischen Truppen dadurch im Kampfe und in der Disciplin geübt würden.[2)] — Man scheint sich dann in Madrid entschlossen zu haben, 6.000 Mann nach Etrurien zu senden. Uebrigens, sagt Talleyrand, sei der einzige wirkliche Nutzen, den die Mitwirkung des Madrider Hofes haben könne, dass die Russen sich dann in keinem spanischen Hafen aufhalten könnten.[3)]

Was nun die Stellung des Hilfscorps für das Jahr 1807 betrifft so berichtet Gennotte schon am 25. December 1806, dass Spanien nach den Aussagen gut unterrichteter Personen dem Föderativ-Systeme Frankreichs beitreten und infolge dessen alle seine Streitkräfte zu Land und zur See dem Kaiser zur freien Verfügung stellen werde.[4)] Im Laufe des Jänners gestalteten sich die Forderungen bestimmter. Es wurde festgesetzt, dass das Corps nur aus Leuten spanischer Nationalität bestehen und ausserhalb Spaniens verwendet werden sollte.

Der Friedensfürst war bemüht, dieser Forderung, die, wie er wohl einsah, für Spanien sehr verhängnisvoll werden konnte, auszu-

---

[1)] G. Pallain: Le Ministère de Talleyrand sous le Directoire, S. 315 ff. Anm.
[2)] Napoléon I. Correspondance XI, Nr. 9226.
[3)] Lettres inédites de Talleyrand à Napoléon, Nr. CV.
[4)] Gennotte an Stadion, a. a. O. 172 B$_2$, Nr. 28 — Madrid le 25 X^{bre} 1806.
— Anhang Nr. IV.

weichen. Wieder trachtete Russland, auf die Politik Spaniens Einfluss zu gewinnen. Im Juni 1807 erzählte Herr Stroganow dem österreichischen Geschäftsträger,[1]) er habe anfangs März, als es sicher schien, dass Spanien der französischen Regierung Hilfstruppen stellen werde, dem Friedensfürsten gerathen, die Stellung derselben mit dem Bemerken auszuschlagen, dass er dieselben brauche, um von der portugiesischen Regierung eine genügende Erklärung bezüglich der Unterstützungen fordern zu können, welche diese den Engländern in Brasilien zu schicken scheine, und um vom Lissaboner Hofe die Garantie für die spanischen Besitzungen in Amerika zu verlangen. Damit begnügte sich Baron Stroganow nicht; er hat vielmehr, wie er Herrn Gennotte weiter berichtete, dem Friedensfürsten das Project eines Vertrages vorgelegt, welches auf den im Herbste stattgehabten Unterhandlungen beruhte und nur insofern geändert war, als es die in der Zwischenzeit vorgefallenen Ereignisse unvermeidlich machten. Spanien sollte denn in die Coalition eintreten, wenn die Franzosen über die Oder zurückgeschlagen und Österreich der Coalition beigetreten wäre. — Der Friedensfürst habe darauf geantwortet, dass es bei der gegenwärtigen Lage und der Ungewissheit, ob die beiden Ereignisse, die den Beitritt des Madrider Hofes zur Coalition bewirken sollten, wirklich eintreten würden, unpolitisch und für Spanien gefährlich wäre, solchen Winken folgezuleisten.[2])

[1]) Gennotte an Stadion. a. a. O. 173 B₁, Nr. 62 — Aranjuez 15 jouin 1807. — Siehe Anhang Nr. V. — Aus den wenigen Stellen, an welchen bisher die Beziehungen Russlands zu Spanien betrachtet wurden, dürfte einleuchten, welche bedeutende Rolle der Vertreter Russlands damals auch in Spanien spielte, und dass eine Veröffentlichung der russischen Acten manche Lücke in der spanischen Geschichte ausfüllen würde.

[2]) Damit das Mitgetheilte als absolut wahr gelte, müsste erst erwiesen werden, dass Baron Stroganow dem Herrn Gennotte wirklich den wahren Sachverhalt erzählte. Übrigens berichtet letzterer schon am 16. März über eine am 14. März zwischen dem russischen Bevollmächtigten und dem Friedensfürsten stattgehabten Unterredung an Stadion a. a. O. 173 B, Nr. 45. — Madrid le 16 Mars 1807 (Chiffern): ......„Le ministre Russe me suivit ...... Ce ministre avoit d'autres objets à éclairir, d'abord le Marche de Trouppes Espagnoles (elles vont en deux colonnes, l'une sur Bayone, l'autre sur Perpignan) leur Remise ainsi que de celles, qui sont en Toscane à la Disposition du gouvernement françois: le Prince repondit que la Cour de Petersbourg ne pouvoit en prendre ombrage, il.... .(Lücke in der Dechiffrirung) quelque argument dans le dernier article du Traité d'alliance avec la France, fait a Saint-Ildephonse en 1796" ......

Der Friedensfürst musste allerdings daran gehen, ein Hilfscorps auszurüsten, aber er that dies sehr bedächtig und benützte jeden Vorwand zur Verzögerung. Aus Frankreich kamen heftige und drohende Noten, damit der Abmarsch beschleunigt würde. Die französische Regierung beseitigte schliesslich den letzten Vorwand, welcher vom Geldmangel hergeleitet wurde — und es war vielleicht mehr als ein Vorwand — indem sie den Antrag stellte, den Abgang gegen entsprechende Wechsel auf die königlichen Cassen in Amerika zu decken [1]). So verliess endlich im Mai 1807 das spanische Corps unter dem Commando des Marquis de Romana in verschiedenen Colonnen die Heimat, um sich dann in Frankreich zu sammeln, während die spanischen Truppen aus Etrurien durch Tyrol an den Lech zogen.

Als das spanische Corps nach Frankreich abrückte, verlangte der russische Bevollmächtigte, wie er Herrn Gennotte selbst berichtete, vom Friedensfürsten eine genaue und zufriedenstellende Auskunft über die gegen Russland gerichteten feindlichen Absichten, auf welche der Marsch eines Corps spanischer Truppen nach dem Norden schliessen lasse [2]). Die Antwort war nicht zufriedenstellend.

---

[1]) Gennotte an Stadion, a. a. O. 173 B. Nr. 54 — Madrid le 4 Mai 1807. — (Chiffern): „J'ai l'honneur d'informer Votre Excellence qu'après l'arrivée de différens Couriers Espagnols et français de Paris à la Cour de Madrid et à l'Ambassadeur de france, celui-ci présenta à ce Ministère les Notes les plus fortes et le plus menaçantes afin que le départ des troupes Espagnoles pour la france soit accéléré; il plaça ce Gouvernement dans un Cercle si étroit en écartant tous les prétextes de retard et nommement celui derivant du manque de fouds par l'offre d'y suppléer, moyenant qu'il soit remis au Gouvernement français des traites correspondantes sur les Caisses Royales dans l'Amerique qu'à la fin cette Cour, pour ne point s'exposer à de fâcheuses conséquences et même à se brouiller avec la france, dût faire partir sur le champ les Généraux destinés au Commandement de ce Corps auxiliaire avec ordre de le réunir sans délai et d'entrer incessamment en france pour passer de la vraisemblablement à l'armée française en Italie." — Das Hilfscorps gieng aber nicht nach Italien, sondern nach Norddeutschland.

[2]) Es scheint übrigens, dass Napoleon die Sendung dieses spanischen Hilfscorps auch dazu benützen wollte, um einerseits auf Österreich einen Druck auszuüben, andererseits die Polen anzuspornen. So schreibt er am 3. April 1807, also lange bevor sich das Corps in Bewegung setzte aus Finkenstein an Talleyrand (Correspondance XV, Nr. 12275): „Prinz von Benevent, es wäre sehr angemessen dem Herrn von Vincent gesprächsweise zu sagen, und dem Herrn Andreossy zu schreiben, dass 30.000 Spanier mein Land bereits betreten haben und auf dem Marsche nach Hannover begriffe sind. Es wäre auch gar nicht

Der Friedensfürst und Herr Cevalles hätten ihm zwar mündlich die Versicherung gegeben, dass diese Truppen durchaus nicht gegen Russland bestimmt seien, mit dem Spanien Frieden zu erhalten wünsche; sie seien gegen England gerichtet, gegen das der Friedensfürst alle Beschwerden seiner Nation wiederholt habe; die französische Regierung habe das Geheimnis, welches die Unterhandlungen zwischen Russland und Spanien vor dem Bruche mit Preussen bedeckte, durchschaut. Von Rachsucht erfüllt, habe dieselbe gegen den Madrider Hof Drohungen ausgestossen, deren Ausführung im Hinblicke auf die Mittel und Quellen Frankreichs und auf den Zustand, in welchem sich das Königreich befände, keine Schwierigkeit geboten hätte.... Um also einem Bruche mit Frankreich zu entgehen, dessen Folgen, soweit man diese voraussehen könne und müsse, für Spanien nur hätten verhängnisvoll sein können, habe der Madrider Hof nachgegeben und der französischen Regierung das Hilfscorps, um das es sich handelte, gegeben. „Der spanische Minister", erzählt Herr Stroganow weiter, „habe endlich kein Argument übergangen, um den Kaiser Alexander zu beruhigen, ja der Friedensfürst habe sogar gewagt ihm zu sagen („daraus", sagte er mir, „erkennen Sie recht gut den Charakter und die Grundsätze, welche den Madrider Hof leiten und deshalb habe ich seitdem das grösste Misstrauen gefasst"), dass, falls die Franzosen grosse Unfälle erlitten, dieses Hilfscorps mit den Russen vereinigt werden könnte, was gleichzeitig die Sache der Coalition kräftig fördern würde". Stroganow habe sich durch diese Erklärung nicht befriedigt gefühlt, da der Madrider Hof durch die Stellung von Hilfstruppen den Franzosen ermöglicht hätte, mehr Truppen gegen die Russen zu senden [1]).

---

schlecht, einen Artikel in die Zeitungen Warschaus einzuschieben, unter der Rubrik Madrid, dahin lautend, dass, von der etrurischen Division nicht zu reden, 6000 Mann spanische Cavallerie und 24.000 Mann Infanterie, die Pyrenäen bereits überschritten hätten und am 1. Mai an der Elbe stehen würden." — Gennotte schreibt am 18. Mai 1807 an Stadion, a. a. O. 173 B_1, Nr. 56 (Chiffern): „L'Ambassadeur de france presse le départ du corps auxiliaire de troupes espagnoles; Celles qui étaient en Toscane qui en feront partie, se sont, à ce que l'on dit ici, rendues au Camp français sur le Lech; ce qui prête ici à toutes sortes de conjectures à l'égard de l'Autriche." . . . .

[1]) Gennotte an Stadion, a. a. O., Nr. 62 — Aranjuez, 15. jouin 1807. — Siehe Anhang Nr. V.

So scheiterten die Bemühungen Russlands. Napoleon liess
unterdessen für die Verpflegung und den Unterhalt des Hilfscorps
aufs Beste sorgen ¹). Das konnte die Sympathien, welche ihm nicht
nur viele Officiere des Corps, sondern auch der in der Heimat
gebliebenen spanischen Truppen entgegenbrachten ²), nur befördern.

Durch die Stellung dieses Hilfscorps war Spanien der Katastrophe, deren Hereinbrechen kaum mehr vermeidlich schien, einen
bedeutsamen Schritt näher getreten. Liess nicht gerade die Forderung, dass das Hilfscorps nur aus Leuten spanischer Nationalität
bestehen dürfe, einen Blick in die Zukunft werfen?

„Hervorragende und unterrichtete Persönlichkeiten“, schreibt
Gennotte am 12. Jänner 1807, „sehen aus der Entfernung fast aller
Nationaltruppen und dem Zurückbleiben der fremden Regimenter
die traurigsten Folgen entspringen“ ³).

Der Krieg im Norden wurde im Juli 1807 durch den Frieden
von Tilsit beendet.

Der Friede von Tilsit beraubte die iberische Halbinsel
einer ihrer wichtigsten Stützen gegen das Übergewicht Frankreichs, Russlands⁴). Nach so vielen glänzenden Erfolgen war

---

¹) Napoléon I. Correspondance XIV, Nr. 12224, — Nr. XV, Nr. 12410.
12828.

²) So schreibt der Hauptmann der Artillerie Don Pedro Velarde y San-
tillón, der bei dem Kampfe in Madrid am 2. Mai 1808 fiel, an seinen Freund Don
José Guerero, welcher mit dem Hilfscorps zog, am 13. Mai 1807: „Habrás visto
al victorioso y grande Emperador cosa que regularmente no veré y en mi vida“.
Boletin de la Real Academia de la Historia XIV. S. 278. — Ibid. S. 279 Schreiben
Velardes an denselben Adressaten vom 1. September 1807: „El General Navᵒ
ha visto lo principal de lo qᵉ· me escribes; es decir la viva pintura qᵉ· me haces
del grande Napoléon, de qⁿ· es Navarro un entusiasmado admirador, como yo
y otros muchos.“

³) Gennotte an Stadion a. a. O. 173 B., Nr. 31 — Madrid 12 Janvier
1807. — (Chiffern): . . . „Quelques personnages marquans et éclairés . . . . . .
prévoient les conséquences les plus funestes de l'eloignement de presque toutes
les troupes nationales. et de la présence dans le Royaume des régimens
étrangers . . . . .“

⁴) So schreibt Napoleon am 30. August 1807 an den Minister des
Äussern, Champagny (Correspondance XV, Nr. 13090): „Monsieur de Champagny vous témoignerez mon mécontentement à M. de Beauharnais de ce que.
le jour de ma fête, il a porté la santé de l'empereur de Russie, lorsque son devoir était de porter celle du roi d'Espagne. Vous ajouterez qu le nom de l'em-

Napoleon entschlossen, mit Hilfe seines neuen, mächtigen Verbündeten seinen Erbfeind, England, zum Frieden zu zwingen. Im Falle, dass dieses die ihm gestellten harten Bedingungen zurückweisen würde, sollte nicht nur Russland seinen Gesandten aus London abberufen, seine Häfen den Engländern sperren und ihnen Krieg erklären, sondern auch Dänemark, Schweden und Portugal sollten dazu gezwungen werden, und auch am Wiener Hofe wollte man mit allen Kräften darauf dringen [1]).

Daher befahl Napoleon Herrn Talleyrand am 19. Juli 1807, dem Vertreter Portugals in Paris zu sagen, dass die Häfen dieses Landes vom 1. September 1807 an den Engländern versperrt werden müssten, widrigenfalls Napoleon an Portugal Krieg erklären und die englischen Waaren confisciren würde; ferner den französischen Gesandten in Madrid, Herrn Beauharnais, zu instruieren, dass, falls die Häfen Portugals am 1. September nicht geschlossen wären, die Vertreter Spaniens und Frankreichs Lissabon verlassen und beide Mächte an Portugal Krieg erklären würden; dann sollte sich am 1. September eine Armee von 20.000 Franzosen nach Bayonne begeben, um sich mit der spanischen zu vereinigen und Portugal zu erobern [2]).

In Bordeaux wurden Truppen gesammelt. Napoleon hatte anfangs wenig Hoffnung, dass Portugal seinen Forderungen folgeleisten werde [3]). Als aber die Engländer den Gewaltstreich gegen Dänemark unternahmen, scheint er neue Hoffnungen gefasst zu haben. Er liess den 1. September verstreichen, ohne den Krieg zu erklären. Er drückte in seiner Antwort auf das Glückwunschschreiben des Prinzregenten die Hoffnung aus, dass sie gemeinsam gegen England operieren würden [4]). Am 16. September schreibt Napoleon an den General Savary, der nach St. Petersburg gesandt

---

pereur de Russie n'avait rien à faire dans cette circonstance en Espagne; qu'il y a dans cette conduite de la jeunesse et de l'enivrement; que nous n'avons d'ailleurs aucune raison de chercher à augmenter le crédit des Russes en Espagne; que vous ne pouvez donc que lui témoigner votre mécontentement sur cette inadvertance."

[1]) Dr. August Fournier: Napoléon I., 2. Band. (Das Wissen der Gegenwart, 67. Band.) Seite 250 ff.

[2]) Napoléon I. Correspondance XV, Nr. 12928.

[3]) Napoléon I. Correspondance XVI, Nr. 13105.

[4]) Napoléon I. Correspondance XVI, Nr. 13132.

worden war, dass, wenn er diesen Brief lesen würde, Portugal bereits an England Krieg erklärt haben wird¹). Und an demselben Tage schreibt er an Alexander I., er habe Portugal bestimmt, England den Krieg zu erklären²). Das war aber nicht richtig. Der Prinzregent wollte zwar den Engländern die Häfen sperren, aber ihnen den Krieg zu erklären oder gar alle Engländer, welchen Alters und Geschlechtes sie auch seien, als Kriegsgefangene in Portugal zurückzubehalten, dazu konnte er sich noch nicht entschliessen³). Desshalb erklärte der Kaiser den Krieg. General Junot, der in diesem Kriege das Commando hatte, brach mit einer in Bayonne concentrierten Armee von 20.000 Mann am 15. October von dort auf. Am 22. October begann dieselbe in Spanien einzurücken. Am 17. October schrieb Napoleon an den General, er habe soeben die Nachricht erhalten, dass Portugal an England den Krieg erklärt und den englischen Gesandten zurückgesandt habe; das befriedige ihn nicht; es könnte eine List sein. Junot müsse am 1. December in Lissabon sein, als Freund oder als Feind⁴).

In Spanien, das bei dem Abschlusse des Tilsiter Friedens nicht vertreten war⁵), musste nach den vorhergegangenen Ereignissen das Einrücken französischer Hilfstruppen sehr beunruhigend wirken.

„Der Friedensfürst verheimlicht nicht", berichtet Gennotte, „dass für Spanien unter den gegenwärtigen Umständen nichts anderes übrig bleibt, als sich zu allen bereit zu erklären, was die französische Regierung verlangt; es würde sich glücklich schätzen, wenn es den Krieg gegen Portugal, der wahrscheinlich nothwendig sein wird, allein führen könnte — es habe eine solchen Antrag

---

¹) Napoléon I. Correspondance XVI, Nr. 13163.
²) Napoléon I. Correspondance XVI, Nr. 13164.
³) Aus Metternichs nachgelassenen Papieren. Autorisierte deutsch-Original-Ausgabe I. Theil, II. Band (Wien 1880), Seite 132.
⁴) Napoléon I. Correspondance XVI, Nr. 13267.
⁵) Gennotte an Stadion, a. a. O. 173 B 2, Nr. 68 — Madrid le 20 Juillet 1807 .... „On parle beaucoup dans le Public de l'envoy d'une Ambassade extraordinaire au Congrès de Tilsit, certaines personnes désignent comme Ambassadeur Monsieur le duc d'Infantado quelques autres Monsieur de Montarco, on ne tardera pas d'apprendre au juste ce qu'en est-... Damals war aber der Friede bereits abgeschlossen.

gemacht — und so den Eintritt französischer Truppen in die Halbinsel hindern würde" ¹).

Es wurde immer klarer, dass Napoleon auch gegen Spanien feindliche Absichten hege. So musste der König von Spanien zunächst den Bruder des Kaisers, Joseph, als König von Neapel anerkennen. ²) Nun kam Etrurien an die Reihe. Wir haben gesehen, wie Napoleon schon 1805 bemüht war, dieses Königreich gegen Nordportugal einzutauschen. Seit Beginn des Jahres 1807 bereitete er die Besitzergreifung systematisch vor. Als er das Hilfscorps forderte, da betonte er ausdrücklich, dass die in Etrurien liegenden spanischen Truppen einen Theil desselben bilden sollten. ³) Nun war bald ein Vorwand gefunden, das Land zu besetzen. Das Blockadedecret wurde daselbst nicht stricte durchgeführt. Ende August rückte General Miollis mit einer französischen Division in Etrurien ein und besetzte Livorno. ⁴) Damit war die Selbstständigkeit dieses Königreiches so gut wie vernichtet.

Die Stimmung in Spanien, seit jener verhängnissvollen Proclamation gedrückt, war seit dem Tilsiter Frieden geradezu angstvoll. „Die spanische Regierung" schreibt Gennotte am 22. September, „sieht sich nicht imstande, den Wildbach zu hemmen, der sich auf die Halbinsel zu stürzen droht, und hat gewichtige Gründe, den

---

[1] Gennotte an Stadion, a. a. O. 173 B, 2 Nr. 72 — Madrid 10 Août 1807 — Chiffern): . . . „Le grand Amiral ne dissimule pas que, dans la situation présente, l'Espagne n'a d'autre parti à prendre que celui de se prêter à tout ce que le Gouvernement français demande; qu'elle s'estimait heureuse, si en se chargeant, comme elle l'a offert, de faire seule l'expédition qui sera vraisemblablement nécessaire contre le Portugal, elle parvenait à empêcher l'entrée de troupes françaises dans la péninsule: l'inquiétude du Gouvernement Espagnol sur l'avenir est manifeste."

[2] Wann Spanien Joseph anerkannte, ist mir nicht bekannt, wahrscheinlich, als der Friedensfürst den Kaiser wegen der Proclamation versöhnen musste. Dass die Anerkennung erfolgte, kann ich nur aus einem Briefe Napoleons vom 28. August 1807 (Correspondance XV, Nr. 13087) schliessen, in dem es heisst: „Die Anerkennung des Königs von Neapel durch den Kaiser von Österreich könne keine Schwierigkeiten mehr haben, da Spanien, Preussen und Russland denselben anerkannt hätten."

[3] Napoléon I. Correspondance XIV, Nr. 12169 (A. M. de Talleyrand, Osterode 25 mars 1807) . . . „S'attache un double intérêt à faire sortir la division espagnole de Toscane".

[4] A. Du Casse, Mémoires du Prince Eugène, Paris 1858, III. S. 336 ff.

Groll dessen zu fürchten, der ihn nach Belieben leiten kann. Man weiss, dass sich der Kaiser der Franzosen von den Erklärungen noch nicht befriedigt fühlt, welche ihm über die Gesinnung und Proclamation des Friedensfürsten aus jener Zeit, als der letzte Krieg im Norden ausbrach, gegeben wurden, man weiss, dass er von allem, was zwischen dem russischen Minister und dem spanischen Gesandten Noronha[1]) in St. Petersburg verhandelt wurde, Kenntniss erhielt"...
„Man meint, dass das russische Ministerium eine Indiscretion begangen habe. Andererseits nimmt der französische Gesandte einen herausfordernden, hochmüthigen Ton gegen die hiesige Regierung an".... „Der Friedensfürst ist oft unbedacht genug, den Wunsch laut werden zu lassen, dass sich irgend ein Grund finden möge, der den französischen Kaiser von neuem in der Ferne beschäftigte und auch seine Blicke und Absichten von Spanien ablenke." [2])

Ich kann daher nicht glauben, dass der Friedensfürst einem Vertrage mit Frankreich behufs gemeinsamer Action gegen Portugal jetzt so freudig zustimmte wie 1805. [3]) Wenn er schliesslich trotzdem

---

[1]) Am 25. August 1807 schreibt Napoleon an Champagny (Correspondance XV. Nr. 13070): ... „Écrivez à M. de Beauharnais pour qu'il demande le changement du ministre d'Espagne à Saint-Pétersbourg, M. de Noronha; faire comprendre qu'on pourrait envoyer à sa place le ministre d'Espagne à Berlin, qui est tout à fait inutile dans cette résidence, et qu'il serait nécessaire qu'on lui donnât les moyens de faire une assez forte depense..." Wirklich wurde bald nachher Noronha abberufen und durch den Marschall de Campo de Prado, früheren Gesandten in Berlin, ersetzt.

[2]) Gennotte an Stadion, a. a. O. 173 B 2, Nr. 80 — Madrid, 22. September 1807. — Siehe Anhang Nr. VI.

[3]) Graf Metternich dürfte also doch falsch unterrichtet worden sein, wenn er behauptet, der Friedensfürst sei der Urheber des neuen Vertrages gewesen Metternich an Stadion, Nr. 27 G. — Paris, 16. October 1807 — Anhang Nr. IX Bei Abschluss des Vertrages im Juni 1805 mag der Egoismus des Friedensfürsten ein Factor gewesen sein, mit dem man rechnen konnte. Seither hatte aber dieser Fürst wohl erkannt, dass es Napoleon gar nicht so ernst war, ihm das versprochene Königreich zu geben. Madame Junot scheint mir nach der anderen Seite übers Ziel zu schiessen, wenn sie schreibt (Mémoires de la Duchesse d'Abrantés X, S. 380): „Es ist offenbar, dass der Friedensfürst infolge seiner irrigen Ansichten die Absicht hatte, die französische Armee auf dem Marsche von Bayonne nach Lissabon zugrunde zu richten, nicht weil er mit dem portugiesischen Cabinete einverstanden war, ... sondern aus einer Art dummen Triebes zum Bösen, der ihn das Eisen schmieden machte, das ihn schlagen sollte; denn niemals hat der Kaiser das Verhalten des

einen solchen Vertrag eingieng, so geschah dies nur, weil er Alles vermeiden musste, was den Kaiser gegen Spanien hätte aufreizen können. Nur so konnte sich dieser Staat unter der alten Regierung noch durch mehrere Monate eine scheinbare Selbstständigkeit erhalten.

Als der Krieg gegen Portugal beschlossene Sache war, gab Napoleon dem General Duroc am 25. September den Befehl, mit Izquierdo am folgenden Tage über nachstehende Dinge zu verhandeln: Über die Schuld Spaniens an Frankreich, über die Angelegenheiten Portugals und Etruriens. „Der Brief des Schatzmeisters wird Sie belehren, wie viel mir Spanien schuldet, und Sie werden sehen, was Herr Izquierdo dazu sagt, und ob ich darauf rechnen kann, dass die holländische Anleihe pünktlich in meine Cassen wandere."

„Was das Königreich Portugal betrifft, so mache ich keine Schwierigkeiten, dem Könige von Spanien eine Hoheit über Portugal zu geben und sogar einen Theil für die Königin von Etrurien und den Friedensfürsten abzusondern."

„Bezüglich Etruriens werden Sie ihm zu verstehen geben, wie schwierig es sei, dass ein Zweig des spanischen Hauses in Zukunft mitten in Italien herrsche; dass mir dies grosse Unannehmlichkeiten bereite; heute, wo ganz Italien mir gehört, bei dem Zustande der religiösen Angelegenheiten, des Mönchswesens, des Hafens von Livorno, und bei der gänzlichen Unfähigkeit zu regieren, welche in diesem Lande herrscht; dass mit Spanien ein Ausgleich zu treffen sei, so, dass die Interessen der Monarchie gewahrt erscheinen und mit Spanien Übereinstimmung herrscht, wenn diese Verunstaltung der Halbinsel Italien beseitigt wird, dass ich aber diesbezüglich nichts unternehmen möchte, womit Spanien nicht zufrieden wäre;

Madrider Hofes beim Marsche der französischen Armee und bei der Proclamation des Friedensfürsten vergessen." Wenn die französische Armee über mangelhaften Unterhalt klagte, so ist zu betonen, dass die spanischen Soldaten viel genügsamer waren als die französischen, und die spanische Regierung die Bedürfnisse ihrer Truppe zum Massstab nahm. Auch dürfte es ihr an den nöthigen Geldmitteln gemangelt haben, ein im damaligen Spanien nicht seltener Fall. Dass mehrere französische Soldaten umgebracht wurden, kann im Nationalitätenhasse oder in anderen Umständen seinen Grund haben. Übrigens beurtheilt Madame Junot den Friedensfürsten von 1807 wesentlich anders als den von 1805.

und dass ich wünschte, dass er mir einige einschlägige Projecte mache."[1]

Unter Zugrundelegung dieser Bestimmungen bezüglich Portugals und Etruriens kam am 27. October 1807 in Fontainebleau zwischen Izquierdo und dem General Duroc ein Vertrag folgenden Inhalts zustande: „Entre Douro e Minho mit der Stadt Oporto soll der König von Etrurien und die ihm nach spanischen Erbgesetze Folgenden erhalten mit dem Titel „König von Nord-Lusitanien" (I und IV). Dieser verzichtet auf Etrurien zu Gunsten Napoleons (IX). Alemtejo und Algarvien soll der Friedensfürst und seine Nachfolger als Fürsten von Algarvien besitzen (II und V). Beïra, Traz-oz-Montes und portugiesisch Estremadura bleiben bis zum allgemeinen Frieden zur Verfügung, wo sich die beiden vertragschliessenden Mächte darüber einigen werden (III). Fehlt es an rechtmässigen Nachfolgern, so kann der König von Spanien solche ernennen, doch darf Nord-Lusitania und Algarvien nie untereinander noch mit Spanien selbst vereinigt werden (VI). Der König von Spanien ist der Protector dieser Länder, ohne dessen Zustimmung sie weder einen Krieg beginnen noch Frieden schliessen dürfen (VII). Sollten Beïra, Traz-oz-Montes und portugiesisch Estremadura beim allgemeinen Frieden dem Hause Braganza für Gibraltar, Trinidad und andere von den Engländern eroberte Colonien zurückerstattet werden, so gelten hinsichtlich dieses Landes dieselben Bestimmungen wie bezüglich Nord-Lusitaniens und Algarviens (VIII). Napoleon garantiert dem Könige von Spanien seine europäischen Besitzungen (XI) und verpflichtet sich, denselben als Kaiser der beiden Amerika anzuerkennen, wenn derselbe diesen Titel annimmt (XII). Über die Theilung der Inseln, Colonien und anderen überseeischen Besitzungen Portugals werden sich die beiden hohen vertragschliessenden Parteien verständigen (XIII). Der Vertrag soll geheim gehalten werden (XIV)".[2]

Dieser Vertrag zeigt mit dem Theilungsprojecte vom Juni 1805[3] manche Ähnlichkeit. Doch erscheinen die dem Könige von Etrurien und dem Friedensfürsten zuerkannten Gebiete bedeutend

---

[1] Napoléon I. Correspondance XVI, Nr. 13181.
[2] Mémoires du Prince du Talleyrand I, S. 346 ff.
[3] Vgl. den Bericht über das V. Vereinsjahr 1893—94, S. 148 f.

reduciert. Entre Douro e Minho für das reiche Toscana zu erhalten, ist jedenfalls ein recht schlechter Tausch.

Wichtiger noch als dieser Vertrag war die geheime Convention, welche am selben Tag zwischen Duroc und Izquierdo behufs Eroberung Portugals geschlossen wurde. [1]) Darnach sollte ein französisches Corps von 25.000 Mann Infanterie und 3000 Mann Cavallerie in Spanien einrücken und direct nach Lissabon marschieren und während des Marsches durch Spanien von Frankreich besoldet, von Spanien aber verproviantiert und unterhalten werden. Dieses Corps wird durch ein spanisches, bestehend aus 8000 Mann Infanterie und 3000 Mann Cavallerie mit 30 Geschützen verstärkt (I und III). Gleichzeitig besetzt eine spanische Division von 10.000 Mann die Provinz Entre Douro e Minho und die Stadt Oporto, eine andere, 6000 Mann stark, Alemtejo und Algarvien (II). Sobald die vereinigten Truppen in Portugal einrücken, hat der französische Commandierende die Regierung und Verwaltung der sequestrierten Provinzen Beïra, Traz-oz-Montes und Estremadura zu leiten, wo die Contributionen zu Gunsten Frankreichs eingetrieben werden, während Entre Douro e Minho, Alemtejo und Algarvien durch die Spanier regiert und verwaltet werden, und die Contributionen daselbst zu Gunsten Spaniens auferlegt werden (IV). Das oberste Commando führt der französische General im Mittelcorps. Erscheint aber der König von Spanien oder der Friedensfürst bei diesem Corps, so haben sie den Oberbefehl (V). [2]) Ein zweites französisches Corps von 40.000 Mann wird bis längstens 20. November in Bayonne gesammelt sein und bereit sein, in Spanien einzurücken, um nach Portugal zu marschieren, falls die Engländer in die Action eingreifen würden. Doch soll dieses Corps nur dann in Spanien einrücken, wenn sich die beiden vertragschliessenden Parteien darüber geeinigt haben (VI).

Als die Convention geschlossen wurde, stand das erste französische Corps bereits fünf Tage auf spanischem Boden.

Die Convention setzte den Kaiser in den Stand, eine grosse Truppenzahl vertragsmässig über die Pyrenäen zu bringen. Was

---

[1]) Mémoirs du Prince de Telleyrand I, S. 349 ff.
[2]) Es war dafür gesorgt worden, dass sich deren Anwesenheit bei der Armee auf die Abnahme einer Parade beschränke.

konnte ihm Spanien an Truppen entgegenstellen, falls er sich nicht Portugals, sondern auch Spaniens bemächtigen wollte? 14.000 Mann der besten spanischen Nationaltruppen standen in Norddeutschland; 28.000 Mann, also gerade ebensoviele als Franzosen, sollten sich der Convention gemäss an der Expedition gegen Portugal betheiligen [1]). Das gab also zusammen 42.000 Mann. Wenn Spanien wirklich 28.000 Mann zur Expedition nach Portugal beistellte [2]), so bezweifle ich, ob Spanien noch 20.000 Mann zur Verfügung hatte. Dazu kommt noch, dass diese Truppen zum grossen Theile aus Fremden bestanden [3]). An die Aufstellung neuer Regimenter aber konnte die spanische Regierung damals nicht gehen, denn es gebrach ihr an allen Mitteln. So meldet Gennotte am 22. September 1807: „Seit der Handel der Neutralen beschränkt ist, reichen die Zölle nicht hin, um die Bedürfnisse des spanischen Corps im Norden zu decken. Mit der Bezahlung des Heeres und der Flotte in Spanien selbst, mit den Gagen und Pensionen ist man sehr im Rückstande. Der Verkauf der Kirchengüter geht aus Mangel an Käufern langsam von statten und ist nicht einträglich; auch der Hof muss zu den äussersten Mitteln greifen. Er wird über Mündel- und Leichenfonde und sogar über gerichtlich hinterlegte Güter verfügen. Der Friedens-

---

[1]) Nach den in Spanien zur Organisation des für Portugal bestimmten Heeres am 7., 9. und 30. October gegebenen Befehlen sollte die Aufstellung in anderer Weise erfolgen (José G. De Arteche: Don Pedro Velarde y sus Cartos a Don José Guerrero im Boletin de la Real Academia de la Historia XIV, S. 290.) Darnach sollte ein Corps von 14.172 Mann Infanterie, 3300 Mann Cavallerie und 30 Geschützen unter General Carrafa zu Junot stossen; in Badajoz sollte ein Corps von 7780 Mann Infanterie, 550 Reitern und 30 Geschützen unter dem Marquis del Socorro aufgestellt werden; ein drittes, 6556 Mann Infanterie und 25 Geschütze sollte sich in Galizien sammeln, um in die Provinz Entre Douro é Minho vorzudringen. Das gäbe zusammen 32.358 Mann.

[2]) Schreibt doch Gennotte über die Rüstungen im Herbste 1806 an Stadion, a. a. O. 172 B,2, Nr. 12, Madrid 29. September 1806 (Chiffern): ... „mais quelques efforts que fasse l'Espagne, il lui sera impossible de rassembler et d'entretenir contre le Portugal 15 m. hommes effectifs: déja le défaut d'équipage et de solde excite les reclamations les plus vives de la part de Chefs des Corps qui se sont ébranlés et provoqué parmi la trouppe le mecontentement et la désertion. Je ne hazarde point en disant qu'il est impossible à l'Espagne d'organiser un Corps capable d'agir avec les moyens est l'energie que rendrait nécessaire une resistance quelconque de la part de Portugais". (Vergl. S. 2.)

[3]) Darunter waren Schweizer und zahlreiche an Spanien verkaufte Kriegsgefangene. So dienten viele Österreicher in der wallonischen Garde.

fürst hat den Handelsleuten soeben eine neue Zwangsanleihe angekündigt, die unbedingt nöthig sei, um an der Expedition gegen Portugal rasch Antheil nehmen zu können" ¹).

Wenn also Napoleon das zweite Corps mit 40.000 Mann in Spanien einrücken liess, und dann für alle Fälle noch ein drittes, wenn er unter verschiedenen Vorwänden die wichtigsten Punkte besetzte, konnte ihm dann dieses Land noch einen ernstlichen Widerstand bieten? Er verneinte sich diese Frage.

Die Convention vom 27. October 1807 machte das zur Wirklichkeit, was Herr Gennotte seinem Hofe bereits am 25. December 1806 in Aussicht stellte ²): „Die französische Regierung könnte, wenn sie wollte, französische Truppen ohne Schwierigkeit überall in Spanien einrücken lassen und dieses Land und Portugal durch Gewalt oder auf andere Weise völlig unterwerfen".

So ist auch der 27. October eine Epoche in der Geschichte jener Zeit. Er ist aber um so wichtiger, als an diesem Tage der Prinz von Asturien verhaftet wurde, und dadurch der Hader, welcher seit langem in der spanischen Königsfamilie herrschte, vor den Augen aller Welt eine Bestätigung erfuhr. Die Verhaftung des Prinzen gab Napoleon Gelegenheit, energischer als bisher in die Geschicke dieser Familie einzugreifen. Dies führte direct zum Sturze der Bourbonen in Spanien. Die Betrachtung dieser Ereignisse liegt nicht mehr im Rahmen dieser Arbeit.

---

¹) Gennotte an Stadion, a. a. O. 173 B/2, Nr. 80. — Madrid, 22. September 1807. Siehe Anhang Nr. VI.

²) Genotte an Stadion, a. a. O. 172 B/2, Nr. 28 -- Madrid, le 25 Septembre 1806. Siehe Anhang Nr. IV.

Actenstücke

aus dem

k. und k. Haus-, Hof- und Staatsarchive.

Berichte Gennottes an Stadion.

I.

Nr. 10.

Monseigneur!

(Chiffern): Cette Cour a des inquiétudes et des embarras de tout genre. Les deux Courriers avaient apporté des demandes pressantes d'argent, même par anticipation sur le subside. Samedi, 20., le Prince de la paix en expédia directement un pour Paris. Un troisième en est arrivé hier: Ses depêches renouvellent les demandes d'argent, de quatre millions et demi de Piastres, annoncent le départ des troupes rassemblées près de Paris vers diverses directions, et parlent du départ de l'Empereur pour les pays-bas, font même craindre l'occupation de la Toscane par des troupes françaises. Le Gouvernement cherche des lettres de Change à concurrence de 7. Millions de livres pour les envoys-à Paris; il serait impossible d'y envoyer des espèces; les caisses sont vuides: depuis plusieurs mois les employés civils ne sont pas payés; l'Armée ne reçoit que des à Comptes. Les dépenses excessives de la Cour, la Marine, l'état de mobilité dans lequel on met plusieurs Regimens depuis Cadix jusq'en Galice sur les frontières du Portugal (dont le Gouvernement considère ces préparatifs comme une provocation et s'en plaint sérieusement même avec des contre-menaces, effet vraisemblable de la securité que lui inspire la situation présente des affaires dans le Nord) voilà, Monseigneur, ce qui absorbe les revenues publics dans ce pays où, la misère générale rend impraticable toute espèce d'augmentation d'impositions et qui d'ailleurs est absolument privé de ses ressources de l'amerique. Le Roi d'Espagne a des nouveau la fièvre; On assure même que c'est une attaque sérieuse de la poitrine qui l'occasionne; on cache soigneusement son véritable état; cependant on convient qu'il est incomodé. Hier le Prince de la Paix dit publiquement à son Cercle que si le Roi suivait son avis

S. M^té changerait d'air; Il s'agit de transporter le Roi au Pardo et de l'engager à aller ensuite à Valence; C'est le projet de la Reine; ne serait-il peut-être pas fondé en politique? Napoléon éxige l'impossible et menace et parait penser sérieusement à un établissement pour Lucien Bonaparte. Un Courier de la Reine au Prince de la Paix determina à partir hier subitement pour l'Escurial; il s'agit d'affaires majeures; j'espère que pour jeudi j'en saurai quelque chose.

J'ai l'honneur d'être avec un très profond respect,

Monseigneur

Madrid le 22 7bre 1806 [1]).   De Votre Excellence
Presentiert 21. 8^ber [2]).

Le très-humble et très-obeïssant serviteur

Gf. Gennotte.

II.

Post-Scriptum ad Nr. 10.

Monseigneur!

(Chiffern): Dernièrement, ainsi que le font tous les Membres du Corps diplomatique, je fis la Cour au Prince de la Paix; après quelques discours indifférens il me demenda inattenduement, avec un ton de legèrcté remarquable, mais en même tems avec un empressement visible, si les anciens rapports de l'Autriche avec la Russie subsistaient encore? je lui repondis poliment que je n'etais pas dans une position à pouvoir le savoir; et il insista; je lui parlai en général de l'amitié, de la bonne harmonie et de l'etat de paix que Sa Majesté Imp^le désire d'une manière bien prononcée, d'entretenir également avec toutes les Puissances; il demanda des nouvelles de Monsieur le Comte d'Eltz; je repliquai que je l'attendais de jour en jour: je lui avais, dit-il, predit ce qui est arrivé, ma foi,

---

[1]) 22. September.
[2]) 21. October.

ajouta-t-il, au point où en sont les choses, toute puissance voisine de la france doit s'estimer heureuse de conserver son existence politique, dut-elle sacrifier le tiers de ses possessions; il changea subitement de discours Je fus surpris de tel propos, au moment ou les agens français relevent dans les occasions (à dessein sans doute) que Charlemagne avait étendu les limites de son Empire jusqu'à l'Ebre; où Bonaparte recherche et accumule dans ses mains toute espèce de prétentions pecuniaires, même celle des particuliers à charge de l'Espagne, où il a deja mis formellement sur le tapis son projet de s'etendre en deça des Pirenées; au moment enfin où les Ambassadeurs d'Espagne et de Portugal à Paris mandent que Mr de Talleyrand dit que la paix maritime n'était plus possible sans le sarifice du Portugal. . . . .

Madrid le 25 7bre 1806.

III.   Nr. 16.

Monseigneur!

J'ai eu l'honneur d'informer Votre Excellence dans mes derniers rapports, que le Ministre plénipotentiaire de Russie avoit avec le Ministre espagnol, des conférences que le Public même remarquoit.

On suppose avec assez de fondement qu'il a interposé des bons offices et même quelqu' instance sérieuse, en faveur du Portugal, près de ce Gouvernement-ci, qui justifioit ses Armemens par la présence de la flotte du Lord St. Vincent dans le Tage.

Il avoit été insinué de la part de cette cour-ci, à celle de Lissabonne, que si elle procuroit le départ de cette flotte, l'Espagne y verroit une raison de se désister de ses Armemens. Le 5. un courrier Portugais passant sur Paris, apporta à Mr l'Ambassadeur de Portugal l'avis, que le 28. 7bre la flotte angloise sortoit du Tage, qu'il ne restoit à Lisbonne qu'une frégate angloise à la disposition du Lord Rosselyn, qui y étoit venu avec une Mission extraordinaire du cabinet de St. James.

En communiquant cette nouvelle, Mr l'Ambassadeur ne laissa pas ignorer que ce départ avoit été sollicité par sa cour; il ajouta qu'il avoit d'autant plus des motifs d'esperer que cet évenement feroit disparoître toute apparence de Brouillerie entre les deux cours, qu'il venoit aussi d'être informé de Paris qu'au moien des explications et des appaisemens données à Mr de Talleyrand, la cour de france paroissoit être revenue de ses dispositions défavorable au Portugal. On remarqua que le Chargé d'affaires de france, instruit de cette communication, s'expliqua de manière à faire croire que ce départ ne suffiroit point pour calmer le Mécontentement de son maître; d'un autre coté l'on sçait que l'Envoyé extraordinaire Anglois à Lisbonne, témoignant de la surprise des instances de la cour, cessa tout-à-coup les négociations qu'il avoit entamées, et dit que de telles demarches et le départ de la flotte qui s'en suivoit, rendoient sa mission sans objet.

(Chiffern): Elle avoit pour But la Conclusion de l'Alliance offensive et defensive avec un pleine garantie respective de l'Etat possessoire fixé par les derniers Traités. Si par là le Portugal est jetté dans une certaine Inquietude sur les Intentions du Cabinet de Londres, surtout ce qui s'ebruite, que le Lord Saint Vincent a fait voile pour le Bresil; d'un autre coté il a de nouveau sujet d'allarme: hier M^r l'Ambassadeur vint me faire une Visite; il m'exprima confidentiellement combien la Cour de Lisbonne avoit sujet d'être inquiete de ce qu'après le Resultat procuré par Elle aux Pourparlers, qui avoient eu lieu à Paris et ici, et malgré les assûrances, que le Prince de la Paix ne cessoit de lui repeter, qu'il étoit inutile d'allarmer le Portugal de ce qui se passoit, l'Espagne, loin de desister de ses Armemens stipulés, les redoubloit; que dans la situation présente des affaires, il ne pouvoit, que les considerer cõme dirigés contre le Portugal; qu'il venoit de declarer au Prince, qu'il ne pouvoit les laisser ignorer à sa Cour, qu'il ignoroit le Parti, qu'elle prendroit; mais que si elle recouroit à ses Alliés et reprenoit avec Activité ses Mesures de Défense, il ne devoit en chercher la Raison que dans la propre Conduite de l'Espagne. En Effect une nouvelle Organisation et Augmentation de l'armée espagnole vient d'être decretées, il s'agit de la porter à 162.000 hõmes, y compris la milice; il s'agit aussi, dit-on, de donner à la France un Corps de Trouppes auxiliaires; et de faire sortir la Flotte combinée de Cadix; enfin de nouveaux Imports personels et territoriaux, et un Emprunt forcé vont être établis. Il est probable, que ces Dispositions sont un Effet de l'Accession de l'Espagne à ce que la France appelle son sisteme foederatif, plûtôt que le premier Resultat d'un Plan, qu'auroit adopté le Prince pour secouer le joug de la France; Ce que le passé et l'Experience ont devoilé de son Caractere, de ses Vues, et ses Raports personels ne permettant guères de faire une autre supposition; cependant, ces jours-ci le Ministre Russe pretoit au Prince de la Paix des Desseins contraires à la France, et des Vues, qu'il nomoit vastes; on pouvoit concluré de ses Discours, que le Prince visoit à faire reprendre l'attitude, dont elle est susceptible, et l'Independance, et à lui procurer bientôt une Paix honorable avec l'Angleterre, et une Neutralité, qui à peu repareroit tous les Maux, qu'Elle a soufferts; mais on croit, Mr Strogonof maintenant entierement changé d'opinion; s'il est vrai qu'ayant hazardé quelques Propositions dans ses Conferences avec le Prince, qui rarement est discret, sur la Convenance d'un changement de son sisteme vis à vis de la France, il nauroit reçû, que des Reponses vagues et équivoques; il doit l'être depuis la Reponse negative donée à sa Demande de l'admission amicale de la Sûreté dans les Ports de l'Espagne des Vaisseaux de guerre Russes, qui de la Baltique vont à Corfou; on a donné pour Motif de ce Refus les Raports actuels de sa Cour avec celle de Londres, et ceux de l'Espagne avec la France, et surtout l'Union des Flottes contre un Ennemi comun; on lui a cependant assûré, pour le Cas qu'une Tempête les forceroit à relacher dans quelques Ports du Royaume, qu'ils y seroient accueilli avec les égards, que l'humanité et le Droit de gens permettent en pareille occurrence, le Plenipotentiaire Russe a remis, vendredi 4., au Roi quelques lettres de l'Empereur de Russie et a eû dans les Appertemens du Roi un long Entretien avec la Reine; je ne crois pas à ce que les Courtisans debitent, qu'il ait mis en avant l'Idée d'un Mariage d'une grande Duchesse de Russie avec le Prince des Asturies: ces lettres apparemment contenoient l'une des Complimens de Condoléance, et l'autre les Motifs de la non Ratification du dernier Traité de Paix arreté à Paris. Le 6. le Ministre de Russie expedia un Courier par Lisbonne à sa Cour. La Mission françoise n'est pas moins active; elle en fit hier partir pour Paris.

Madrid le 9 8bre 1806.

Nr. 28.

Monseigneur!

(Chiffern): Il est certain, ainsi que j'ai eu l'honneur de l'anoncer à votre Excellence dans mon dernier rapport, que la conclusion de l'Emprunt pour le Compte de la Cour de Madrid, dont les Agens de cette Cour avaient déja fixé les Conditions avec la Maison Hope à Amsterdam, a été suspendue et soumise à la décision de l'Empereur des français: J'ai lu une Lettre de cette Maison de Commerce à ses Correspondans ici, dans laquelle elle dit en propres termes qu'elle prevoit le refus de Bonaparte pour des raisons politiques et ses projets sur l'Espagne. Je sais à n'en pouvoir douter que le Prince de la paix a prevenu quelques Maisons de Commerce avec lesquelles il est interessé grandement et particulièrement pour le débit extraordinaire de ses Laines dont l'Angleterre était le principal débouché, que le Gouvernement Espagnol se trouverait incessament dans l'indispensable nécessité d'acceder à la mesure du blocus de l'Angleterre et de faire des publications analogues, mais que l'execution en serait autant que nulle: On voit par là que le Prince est constament dans son Système de louvoyer entre ceux de l'Angleterre et de la france. Mardi 23. il eut a l'Escurial avec le Ministre Russe un longue Conférence à la suite de laquelle ce Ministre revint expédier d'ici avec beaucoup de Mystère un de ses Secrétaires en courier par Lisbonne à Londre; il est bien probable que cette Expédition est relative au parti que l'Espagne adopte sur la mesure du blocus et au menagement qu'en conséquence elle espere d'obtenir indirectement de la Cour de Londres; il est aussi vraisemblable qu'il y est question d'une propos lâché imprudemment, mais avec toute l'apparence d' une parfaite connaissance de choses, le chargé d'affaires de Hollande, savait qu'avant trois semaines les Ministres des puissances en guerre avec la france seraient obligés de quitter cette Cour et que la Suppression de tout pavillon neutre était inevitable: des personnes bien instruites et eclairées en concluent que ces propos confirment en quelque façon les avis parvenus précedement de Paris que le nouvel Ambassadeur de france insistera sur l'accession formelle de l'Espagne au Système fédératif de la france et qu'en conséquence la Cour de Madrid remette à la libre disposition de l'Emp^r toutes les forces espagnoles de terre et de mer et se déclare en guerre avec toutes les puissances qui le sont avec l'Empire français; que de la s'ensuivra que la Gouvernem̄ français pourra, quand il le voudra, faire entrer sans embarras par tout en Espagne les troupes françaises et soumettre entièrement par la force ou autrement ce pays-ci et le Portugal; qu'enfin l'Emp^r a le projet de ne plus reconnaître de puissances neutres......

Madrid le 25 X^{bre} 1806.

V.

Nr. 62.

Monseigneur.

J'espère que Votre Excellence a reçu maintenant le dernier rapport que j'ai eu l'honneur de Lui adresser, sous la date du 11. du courant; il renfermoit avec les pieces justificatives, le compte des dépenses faite pour le Service de la Mission de Sa Majesté Impériale, et celui des déboursés faits pendant le Trimestre échu le dernier du mois d'Avril passé, pour le renvoi de ses soldats dans ses Etats.

(Chiffern): Ses jours passés, le Ministre plénipotentiaire de Russie m'invita à une Conférence; il en avait eu une auparavant avec le Ministre de Danemarc, vraisemblablement sur la même objet. Il me parla d'abord, mais confidentiellement et succintement de ses négociations successives, depuis son arrivée ici, avec Monsieur le Prince de la Paix. Il me dit que peu de tems avant la bataille de Jena, le prince, et par lui le Roi d'Espagne avaient été déterminés par les représentations de la Cour de Petersbourg et s'etaient verbalement déclarés prêts à conclure formellement, aussitôt que la france serait engagée dans une nouvelle guerre continentale, une paix séparée avec l'Angleterre sur le pied du Status quo avant la guerre et à adopter le Système d'une neutralité armée, à condition que dans le cas où pour l'adoption de ce Système l'Espagne viendrait à être attaquée par la france, l'intégrité de toutes ses possessions lui serait garantie par l'Angleterre et la Russie et qu'au besoin ces deux

Puissances lui donneraient les secours nécessaires; qu'elle ferait concourir immédiatement le Portugal au maintien de cette neutralité; que l'Etrurie serait reconnue comme Royaume et sa possession assurée à la famille qui y regne maintenant et qu'en cas de reprise Royaume de Naples on s'entendrait amicalement pour assurer la possession des deux Siciles à la famille du Roi Ferdinand; que le Ministère britannique s'est montré prêt à conclure cette paix à ces Conditions, pourvu que les troupes Anglaises occupassent quelques unes des possessions de l'Espagne aux Indes occidentales en garantie de ses intentions et engagemens jusqu'à la paix de l'Angleterre avec la france: que la Russie de son côté avait insisté à ce que, pour le cas où elle entrerait directement en guerre avec la france, la Cour de Madrid s'obligeât à renoncer à sa neutralité et à attaquer avec toutes ses forces et à l'aide des secours qu'on lui fournirait les provinces du Midi de la france; qu'on négociait sur ces contre-stipulations, lorsque la bataille de Jena et ses suites vinrent non seulement arrêter les négociations aux quelles avaient donné naissance des ouvertures faites précédemment par Monsieur le Prince de la Paix à la Cour de Berlin, qui les avait déclinés, mais encore rejeté entièrement la Cour de Madrid dans les bras de la france. Qu'au Commencement de Mars, quand il parût certain que l'Espagne allait donner au Gouvernement français un Corps de troupes auxiliaires, il n'avait rien négligé pour l'empêcher et pour renouer les négociations rompues; qu'il avait conseillé au Prince d'éluder cette prestation en alléguant la nécessité de se mettre en mesure contre le Portugal pour appuyer la demande qu'il pouvait faire d'explications satisfaisantes touchant les secours que le Gouvernement portugais dans le Bresil paraissait fournir aux Anglais et pour reclamer de la Cour de Lisbonne la garantie des possessions espagnoles en Amerique; qu'il lui avait communiqué un projet de traité redigé sur les bases des négociations précédentes avec les seules différences que les événemens survenus dans l'intervalle rendaient indispensables; qu'il y avait fixé à l'espagne l'epoque de sa cooperation en faveur de la Coalition: celle où les français seraient repoussés en deça de l'Oder et où l'Autriche aurait accédé à la coalition; que le Prince avait répondu que dans la situation présente des Affaires et dans l'incertitude de la vérification de deux événemens qui devaient amener l'accession de la Cour de Madrid à la coalition, il serait impolitique et dangereux pour l'Espagne de se prêter à de telles insinuations. Je crus ne pouvoir me dispenser de témoigner ma surprise de ce que, tandis que S. M. l'Empereur mon Maître observait la plus grande et la plus parfaite neutralité entre toutes les puissances belligérantes, et que rien n'indiquait une deviation de ce systême, il ait pû un seul instant la supposer. Il me repliqua en me demandant le secret, que les dépêches de la Cour de St. Petersbourg des Mois de Décembre et Janvier derniers lui avaient donné des espérances sur l'Autriche; mais qu'à la vérité les autres, qu'il en avait reçues postérieurement, nommément celle du 13. Mars, avait atténué de beaucoup cet espoir: il m'en lut quelques passages: elles contenaient un tableau des relations politiques de la Russie avec presque toutes les puissances de l'Europe: les liens qui unissent la Russie, l'Angleterre et la Prusse y étaient représentés comme indissolubles, et le developpement des plus grands efforts de toutes les parties comme assuré contre leur ennemi commun, on s'y était attendu sans s'en promettre d'autre secours que des Munitions de guerre et la Conservation de la Poméranie Suedoise: il y était dit que les démarches et les instances les plus pressantes faites par le Cabinet de Petersbourg pour déterminer en sa faveur celui de Vienne avaient été jusqu'alors infructueuses; La Cour de Vienne insistait toujours sur la remise de Cattaro, que sa coopération serait cependant décisive dans la situation actuelle des Affaires; que les ressources de la Maison d'Autriche étaient encore très-grandes, que l'état de son Armée était plus formidable qu'il ne l'avait jamais été; qu'on n'omettait rien pour tâcher de la ramener par des motifs puisés dans son interêt même aux principes de l'ancienne alliance; qu'on ne pouvait néanmoins pas encore se flatter avec quelqu'espéce de certitude, de reussir. J'évitai la discussion qu'il paraissait vouloir engager sur ce sujet, en lui faisant sentir poliment que toute discussion relative à de si grands interêts était absolument hors de ma Sphère; que le Systême que ma Cour suit est toujours à mes yeux le plus conforme à ses interêts et régle constamment ma Conduite. Le Ministre Russe en vint enfin à l'objet principal de la Conférence à laquelle il m'avait invité: Il me dit que, passé quelques jours, il avait demandé à ce Ministère des explications précises et satisfaisantes sur les desseins hostiles contre la

Russie que la marche d'un Corps de troupes espagnoles dans le Nord autorise à supposer; qu'il ne les avait pas obtenues; que le prince de la paix et Mr de Cevallos lui avaient donné l'assurance verbale que ces troupes n'étaient point destinées contre la Russie avec laquelle l'Espagne désirait rester en paix; qu'elles l'etaient contre les Anglais, contre lesquels il avait recapitulé tous les griefs de leur nation; que pour légitimer cette prestation de secours, il avait réprésenté que le Gouvernement français avait penetré le secrêt qui avoit couverts les négociations entre la Russie et l'Espagne avant sa rupture avec la Prusse; qu'il en avait montré du ressentiment à la Cour de Madrid avec des menaces non autrement dificiles à réaliser vu les moyens et les ressources de la france et l'état de dénuement où se trouve ce Royaume ; que ce n'avait été qu'à son corps défendant, et pour éviter une rupture avec la france, dont les conséquences, autant qu'on pouvait et devait les prévoir, ne pouvaient qu'être fatales à l'Espagne; que la Cour de Madrid s'est prêtée à donner au gouverneṁ. français le corps auxiliaire dont il s'agit; enfin que le Ministère Espagnol n'avait omis aucun argument pour l'engager à calmer l'Empereur Alexandre; que le prince de la Paix avait même ôsé lui dire (et à cela, me dit-il, Vous reconnaissez très bien le Caractère et les principes qui dirigent la Cour de Madrid et pour qui dès lors je n'ai pû me dispenser de concevoir la plus haute défiance) qu'en cas de grands revers de français, ce corps auxiliaire pourrait leur être nuisible et servir tout-à-coup efficacement la Cause de la Coalition. Après m'avoir tenu ce langage Mr Stroganow me dit qu'il avait trouvé ces explications d'autant moins satisfaisantes, que la Cour de Madrid facilitait aux français par la prestation de ce secours le moyen d'employer un plus grand nombre de troupes contre les Russes, que cette prestation par ses suites était donc hostile vis-à-vis de sa nation; qu'il les envoyait à sa Cour et qu'il prévoyait une rupture entre les deux Etats comme inévitable, à moins que l'Empereur Alexandre écartant le ressentiment que doit lui inspirer la conduite du Ministère Espagnol et considérant la Chose en grand, ne préféra dissimuler sur ce qui se passe, afin de ne point river davantage les fers qui attachent l'Espagne à la france: enfin qu'il avait cru devoir m'instruire lui même et confidentiellement de ses dernières démarches près ce Ministère afin que si jamais je me trouvais dans l'obligation d'en entretenir Votre Excellence, je puisse le faire avec une pleine connaissance des choses: Je le remerciai de son obligeance.

J'ai l'honneur d'être avec un très profond respect,
  Monseigneur,
    De Votre Excellence,

Aranjuez 15 Juin 1807.
A. S. E^{ce} Monseigneur
le Comte de Stadion
a Vienne.

Le très-humble et très-obëissant Serviteur

Gf. Gennotte.

VI.   Nr. 80.

Monseigneur.

(Chiffern): ....On voit par ce recit que le Ministère de Portugal connait tous les dangers qui menacent l'Etat, et il parait que les possessions espagnoles en Amérique lui offrent un garant de ce qu'il est à la veille de perdre en Europe; On y apperçoit les raisons de la conduite du Gouvernement Espagnol, d'ailleurs par quelques autres causes; Ce dernier se sent hors d'etat d'arrêter le torrent qui menace de se précipiter sur la peninsule et a de fortes raisons de craindre le ressentiment de celui qui peut le diriger à volonté. On sait que l'Empereur des français ne se tient point encore pour satisfait des explications qui lui été données sur les sens et les proclamations du prince de la paix au moment où la dernière guerre éclata dans le Nord; qu'il a eu partie connaissance de tout ce qui fut traité à Petersbourg entre le Ministère Russe et Monsieur Norogna; que sur ses demandes d'explications spéciales à ce sujet le Ministère Espagnol déclara que si son Ministre avait agi en sens contraire à la france, il l'avait fait de lui même et sans ordre; il le désavoua formellement, le rappellant, lui donnant pour successeur Mr Prado et lui interdisant de rester ultérieurement en Russie, de revenir même dans sa patrie; Mais cependant il lui assigna une pension de 6000 Ecu [1]): en général il y a lieu de soupçonner que le Ministère Russe a été indiscret: d'un autre côté l'Ambassad^r de france prend un ton de supériorité et désigence vis-à-vis de ce Gouvernement qui ne fait qu'augmenter ses appréhensions puis-

---

[1]) Undeutlich.

qu'il croit y appercevoir l'intention de provoquer des torts de la part de l'Espagne envers la france; dans des moments d'humeur et d'épanchement le prince de la Paix ne le cache point. Obligé de concourir efficacement à toutes les vues de son Allié, la Cour de Madrid est dans une situation d'autant plus désagréable qu'elle manque absolument de moyens pécuniaires indispensables pour rendre, ainsi qu'il le prétend, toutes ses ressources militaires de terre et de Mer promptement disponibles; elle sait se resoudre à diminuer en quoi que ce soit les dépenses excessives de son interieur, bien loin de les augmenter; elle employe une Somme de deux millions deux cent mille florins en effets pour restaurer et meubler le grand autel ancien palais des Ducs d'Albas les rentrées sont presque nulles; il n'y a plus de moyens de Communication avec les Indes; depuis les entraves mises au commerce des neutres, les Douanes ne suffisent pas aux besoins du Corps Espagnol qui est dans le Nord; La paye de l'Armée de terre et de Mer dans l'interieur, les Gages, les pensions sont beaucoup arriérés; la vente des biens du Clergé à défaut d'acheteurs est lente et de peu de produit; aussi la Cour vient-elle de se resoudre à recourir à des moyens extrêmes. Elle va disposer des fonds de pupilles, des Mortuaires et même des dépots judiciaires: Le prince de la paix vient d'annoncer au Commerce un Emprunt forcé indispensable, a t-il dit, pour concourir promptement à l'expédition contre le Portugal. S'il témoigne de l'indifférence sur les Conséquences que cette Expédition peut avoir pour l'Espagne et son Gouvernement actuel, aujourd'hui absolument concentré dans 24 mains, il ne les prevoit pas moins: il a assez souvent l'indiscrétion de manifester des voeux afin que quelque cause survienne qui occupe de nouveau l'Empereur des français au loin et détourne ainsi ses vues et son attention de l'Espagne.

  J'ai l'honneur d'être avec un très profond respect,
    Monseigneur,
    De Votre Excellence,

Madrid 22 7bre 1807,
A. S. Ecc Mgr le Comte
de Stadion &a &a &a
a Vienne.

Le très-humble et très-
obeÿssant Serviteur
Gf. Gennotte.

Berichte Metternichs an Stadion.

VII.

Nr. 3 B.

Monsieur le Comte!

........L'existence la plus imminemment menacée parait de maniere ou d'autre être le Portugal et même l'Espagne. On n'a pas caché aux négociateurs anglais que le premier de ces pays subira un changement de forme, le jour-même où la paix avec l'Angleterre ne se fera pas. On le dit et de maniere même à ne pas trop pouvoire en douter, destiné aux Prince de la Paix; l'Espagne de son coté perdrait les provinces limitrophes de la France; les Pirenées se trouveraient par conséquent franchies et le premier choc eu fesant etrécir la derniere branche des Bourbons du dernier de leurs trônes, formerait un établissement nouveau pour un membre de la dynastie française. Un mandataire exprès du Prince de la Paix reconnu, avoué, choyé comme tel se trouve attaché à l'Ambassade du Prince de Masserano. Il n'est pas rare de voir arriver de couriers de Madrid sans un mot de depêche pour l'Ambassadeur et chargés de nombreux paquets pour Mr Isquierdo qui ne quite pas la maison de Mr Talleyrand. J'ignore quels peuvent avoir été les motifs plus particuliers (fournir apparement par quelque bulletin de Dodun) pour injurier la mission de M^r le Cte d'Eltz dans des feuilles parvenues il ya longtems à la conaissance de Votre Excellence, mais le desir d'entraver l'envoy d'un témoin de plus, de l'exécution des trames ourdies à Madrid même, ne me parait pas absolument dénué de vraisemblance. Les Ministères d'Espagne et de Portugal sont entièrement dévoués à la France et tous deux prêts à trahir leurs maitres pour des avantages personnels. La correspondance avec le Ministre Aronjo est très active et Mr de Lima une des créatures de ce Ministre et qui n'a pas une grande passion pour le travail est dans les relations les plus assidues avec Mr de Talleyrand dont la porte lui est ouverte depuis quelque temps, même dans des moments où il est occupé avec ses intimes. Mr de Masserano ainsi que je viens d'avoir l'honneur de le dire est hors du secret, et trop probe, trop attaché à ses devoirs pour tremper dans des trames aussi odieuses.

Le résumé présent, est le seul que je croire pouvoir soumettre à Votre Excellence, s'il n'offre nul point de vue fixe sur les relations générales, il aborde aumoins de loin les questions qui sans contredit se trouvent le plus directement placées sur le tapis que Napoléon déroule tous les jours davantage.

J'ai l'honneur d'être avec la plus haute consideration
Monsieur le Comte
de Votre Excellence

Paris le 2 Septembre 1806.

les très humble et
très obeissant serviteur

Metternich Winnebourg.

VIII.

Nr. 16 B.

Monsieur le Comte!

Les loix sur le blocus de l'Angleterre n'ont point intercepté toute communication avec ce Pays; les dernières feuilles qu'on a reçus ici apprennent que, dès l'arrivée de la nouvelle de cette mesure exaspérée, le Conseil s'est assemblé et a pris sur lui d'ordonner provisoirement le séquestre de toutes les propriétés d'habitans des Pays soumis à l'influence Françoise. Cette disposition versera d'après les calculs les plus modérés, annuellement cent quatre vingt millions de moins dans ces différents Etats. La Hollande ruinée par ce fait, semble faire résistance à la mesure, malgré la proclamation du Roi, que V. E. a trouvée dans les feuilles publiques. On assure, qu'il règne une correspondance très-active à ce sujet entre les deux frères, et que la ville d'Amsterdam surtout ne veut pas absolument se laisser couper les derniers vivres.

La mesure elle-même me paroît jugée par les effets divers, qu'elle a produits dans les Etats sur lesquels elle porte. La plus grande consternation parmi tous les plus riches négocians s'est manifestée dès sa publication à Paris. Le Sénateur et Banquier Peregaux a envoyé sur le champ un Courier au quartier général

Impérial pour représenter la triste position dans laquelle se trouveront vingt sept mille individus, prisonniers en Angleterre, auxquels il a jusqu'à présent été chargé de faire passer des fonds, et que le nombre de quatre mille Anglois détenus en France et tous à peu près membres de familles opulentes, ne sauroit compenser. Il est allé trouvé le Ministre de la Police pour lui faire les mêmes représentations. On prétend qu'il l'a rassuré par l'impossibilité que la mesure puisse recevoir son exécution entière. Toutes les données parvenues ici d'Angleterre prouvent d'un autre côté que le blocus y a été accueilli avec le plus grand plaisir; on paroît y partager l'opinion qu'il n'est pas susceptible d'execution, et que le Pays est richement indemnisé de quelques pertes momentanées par l'extinction d'au moins deux milliards de la dette nationale. Le Parlament qui devoit se rassembler aujourd'hui (le 19 decembre), sanctionnera selon toute apparence les mesures adoptées par le Conseil du Roi.

L'expédition du Général Crauford que les feuilles Françoises disent arrêtée en Angleterre, est partie pour Buenos Ayres, et est, à ce qu'on prétend, destinée à achever la conquête de l'Amérique méridionale.

Des avis également directs font supposer que la guerre se trouve déclarée dans ce moment, ou le sera incessamment, aux Etats unis de l'Amérique. On regarde cette mesure comme dirigée principalement contre le reste des Colonies Françoises que les vaisseaux Américains alimentent, et qu'on espère se voir éteindre en elles-mêmes le jour où elles seroient privées de tout secours étranger.

J'ai cru devoir recueillir et soumettre ces différents données à Votre Excellence prévoyant la possibilité qu'Elle manque de nouvelles directes.

J'ai l'honneur d'être avec une haute considération.

Monsieur le Comte
de Votre Excellence

Paris le 21 Décembre 1806.

Le très humble et très obeissant Serviteur
Metternich Winnebourg.

IX.   Nr. 27 G.

Monsieur le Comte!

Je suis informé de bonne part que l'orage, qui est prêt à fondre sur le Royaume de Portugal est provoqué en grande partie par les machinations du Prince de la Paix.

Votre Excellence est déjà instruits de son plan, de se créer dans ce pays un établissement indépendant; on assure, qu'il en aura une partie, et que le reste sera donné à la Reine d'Etrurie, dont les états en Italie, ainsi que Rome seront réunis au Royaume d'Italie, dont le Gouvernement fixera son siège dans cette ancienne Capitale du Monde; cette dernière mesure est dit on irrévocablement décidée, est on croit, qu'Elle sera très incessamment mise en exécution.

J'ai l'honneur d'être avec une haute considération

Monsieur le Comte

de Votre Excellence

Paris 16 Octobre 1807.

Le très humble et très obëissant

Metternich-Winneburg.

Stadion an Metternich.

X.   Nr. 3.

Au Comte de Metternich
  à Paris.
Vienne le 27 Août 1816.

Mr l'ambassadeur de france a reçu par le Courier que vous avez expédié pour Vienne le 11. de ce mois l'ordre de demander de S. M. l'Empereur la reconnaissance immédiate du nouveau Roi de Naples et la nomination d'un Ministre à cette Cour sous prétexte que la Prusse ayant reconnu ce nouveau souverain et nommé Mr de Humbold pour resider auprès de lui, la condition que nous avions mise à cet acte se trouvait remplie. La copie ci-jointe de la Lettre de Monsieur de Talleyrand (dont cependant vous ne ferez aucun usage, puisque ce n'est pas par Monsieur de La Rochefoucauld qu'elle est venue entre mes mains) vous donnera entière connaissance du raisonnement par lequel ce Ministre a crû devoir motiver sa demande.

Vous remarquerez que cette lettre a été écrite avant que la Note officielle à ce sujet ait été présentée, et qu'elle se fonde sur une conversation précédente que j'avais eue avec Mr l'ambassadeur de france. Quand il me parla donc sur ce objet dans le sens de la Lettre qu'il avait reçue, je le fis souvenir que dans cette conférence qui était citée par Mr de Talleyrand, non seulement je m'etais expliqué clairement sur ce qu'au moins plusieurs Cours amies de la france devraient avoir prévenu le cas d'une telle reconnaissance, mais que lui même en était convenu avec moi, et avait proposé qu'on fixât l'exemple de deux Puissances, ce dont je n'avais cru devoir tomber d'accord. Il ne pût nier ce fait, et il ne s'appuya que sur l'ordre très précis qui lui était parvenu, en me fesant entendre qu'un refus de notre part pourrait causer de nouveaux embarras dans nos relations avec le Cabinet de Tuileries. Je lui repondis alors que la note officielle que depuis cette conversation je lui avait fait passer à ce sujet était si claire et si entièrement faite pour ne laisser aucune inquiétude à l'Empereur Napoléon sur la façon dont la Cour de Vienne envisageait les événemens de Naples et sur la Conduite qu'elle comptoit y tenir, qu'il ne me restait point de doute qu'elle devait lever toute difficulté politique a ce sujet; que je ne pouvais donc considérer la proposition faite par Monsieur de Talleyrand que comme un objet tout à fait personnel à l'Emp^r notre Auguste Maître, et qui devoit être jugé d'après les règles de la décence et du Sentiment que Sa Majesté conservait à son beau père. À la suite de ces observations, je lui proposai de suspendre ma reponse jusqu'à l'arrivée de Votre prochain Courier, et je lui promis de prendre entretems les ordres de l'Empereur; ce à quoi il consentit.

Je supposais que Mr. de Talleyrand aurait parlé à Votre Excellence à ce sujet, et qu'elle aurait fait valoir d'avance les mêmes raisons que j'ai données à Mr de Larochefoucauld. M'etant trompé dans mon attente je dois vous prier M^r le Comte de vous en expliquer sans délai officiellement avec ce Ministre, dans le même sens dans lequel j'ai parlé à Mr. l'Ambassad^r de france; de mettre en avant qu'il ne s'agit ici d'aucun intérêt politique, mais d'une affaire où les relations personnelles de l'Empereur et son coeur sont uniquement interessés; et que vous avez l'ordre d'en faire un objet qui doit se traiter entre la personne de notre auguste Maître et celle de l'Empereur Napoléon; que notre déclaration porte, que non pas une Cour, mais que les Cours amies de la france eussent consenti à un pareil acte de reconnaissance; que l'exemple de la Prusse qui n'a aucune liaison de parenté quelconque avec Naples ne pouvait justifier le gendre du malheureux Roi détroné; que l'Empereur Napoléon entrait trop bien dans les raisons de délicatesse et de decence qui liaient notre auguste Maître pour ne pas tomber d'accord qu'il serait juste autant que convenable d'attendre du moins l'exemple de la Cour d'Espagne la quelle est à peu près dans les mêmes relations de famille, et liée d'amitiée avec la france. En vous acquittant de cet ordre Vous voudrez bien prendre les formes les plus analogues à la Circonstance, et en Vous adressant toujours à la personne et aux sentimens de l'Empereur Napoléon, l'intéresser assez directement aux argumens que je viens de vous fournir pour le faire désister de toutes insistances ultérieures sur une demande qui sans être d'aucune utilité pour les rapports politiques de la france nous ferait un tort réel de l'opinion publique.

www.ingramcontent.com/pod-product-compliance
Lightning Source LLC
Chambersburg PA
CBHW031343160426
43196CB00007B/722